믿음의 발자취

네비게이토 선교회는
국제적이며 복음적인 기독교 기관이다.
예수 그리스도께서는 자기를 따르는 자들에게
"너희는 가서 모든 족속으로 제자를 삼으라"
(마태복음 28:19)는 지상사명을 주셨다.
네비게이토 선교회는 세계 모든 국가에서
예수 그리스도의 일꾼들을 배가시켜
이 지상사명의 성취를 돕는 것을
근본 목표로 하고 있다.

네비게이토 출판사는
네비게이토 선교회의 문서 선교를 담당하고 있다.
본 출판사에서는 그리스도인의 영적 성장을 돕는
서적과 자료들을 출판하여,
그리스도인의 삶의 기초가 견고한
헌신된 제자로 성장하게 하고,
나아가 성숙한 인격과 지도력을 갖춘
일꾼이 되도록 돕고 있다.

Translated by permission
Title originally published in English as
IN THE FOOTSTEPS OF GIANTS
by Vision Books, Singapore
Copyright © 2017 by Wong Kim Tok
Korean Copyright © 2022
by Korea NavPress

In the Footsteps of Giants

Wong Kim Tok

TO KNOW CHRIST AND TO MAKE HIM KNOWN

차 례

저자 소개 ·· 7
감사의 글 ·· 8
들어가는 말 ······································ 11

1부 하나님과의 친밀함
1장 다윗의 갈망: 하나님을 사모하다 ············· 25
2장 바울의 열정: 그리스도를 본받다 ············· 73

2부 하나님을 향한 헌신
3장 아브라함의 포기: 아들을 드리다 ············· 105
4장 모세의 순종: 애굽을 떠나다 ················· 137
5장 마리아의 사랑: 옥합을 깨뜨리다 ············· 177

3부 세상과의 올바른 관계
6장 다니엘의 탁월함: 뜻을 정하다 ················ 209
7장 에스더의 자기 부인: 죽으면 죽으리이다 ······ 247

나가는 말 ·· 277

저자 소개

웡 킴톡은 싱가포르 네비게이토 선교회에서 전임 사역자로 주님을 섬기고 있으며, 싱가포르 대표를 역임하였습니다. 저자는 젊은 시절 주님께 헌신하여 예수 그리스도의 제자와 일꾼을 배가하는 일에 전 생애를 드리고 있습니다.

감사의 글

우리 부부는 주 예수 그리스도께 늘 감사드립니다. 주님을 알고 주님과 동행하며 주님을 섬기는 놀라운 특권을 주셨기 때문입니다. 이러한 특권을 누리게 되리라고는 상상도 못했습니다. 그동안 우리가 받은 축복은 너무 많아 헤아릴 수 없을 정도입니다. 주님께서는 우리에게 많은 사람을 주님께로 인도하고 그들을 주님의 제자와 일꾼으로 세워 주는 축복을 베풀어 주셨습니다.

또한 두 아들을 선물로 주신 하나님께 깊이 감사드립니다. 그들을 도우면서 사랑, 용서, 믿음, 섬김, 헌신 등과 연관하여 귀한 교훈을 배울 수 있었습니다. 그들은 부모인 우리의 여러 부족한 점을 참고 받아 주었습니다. 그들의 눈을 통하여 삶과 믿음을 바라보게 된 것도 크나큰 복이었습니다.

그리고 이 책이 나오기까지 수고를 아끼지 않은 많은 분들에게 깊이 감사드립니다. 바쁜 일정에도 불구하고 꼼꼼히 원고를 다듬어 주었고, 또 보기 좋게 편집하고 디자인을 해 주었습니다. 아울러 이 책을 쓰는 과정에서 많은 조언과 피드백을 주고 기도와 후원과 격려를 아끼지 않은 모든 분들에게 깊이 감사드립니다.

옛날을 기억하라. 역대의 연대를 생각하라.
네 아비에게 물으라 그가 네게 설명할 것이요,
네 어른들에게 물으라
그들이 네게 이르리로다.
신명기 32:7

들어가는 말

한사람이 들판에 난 오솔길을 따라 걷습니다. 날마다 걷는 길입니다. 늘 반복하는 일상입니다. 커다란 발자국이 그 흙길에 남습니다. 그저 앞을 향하여 성실하게 한 걸음 한 걸음 옮길 뿐 특별한 생각은 없습니다. 자기가 뒤에 남긴 발자국에는 아무런 주의도 기울이지 않습니다. 흙이 마르자 그 발자국은 굳게 새겨집니다. 마침내 그가 세상을 떠났습니다. 그러자 그 길도 점차 빠른 속도로 희미해져 갔습니다. 거기에 난 발자국만이 한때 누군가 그 길을 걸었다는 사실을 말해 줄 뿐입니다. 몇 세대가 흘렀습니다. 해일이 그 지역을 덮쳤습니다. 희미해진 길 양편 들판은 온통 돌무더기로 뒤덮이게 되었습니다.

한 소년이 있었습니다. 그 사람의 후손입니다. 돌무더기로 뒤덮인 그 들판을 가로질러 반대편으로 가려고 합니다. 한때는 거기가 비옥한 땅이었고, 보물이 묻혀 있다는 소문이 돌았기 때문입니다. 소년은 들판을 가로질러 가는 길을 이리저리 찾아보았습니다. 그러다가 우연히 발자국을 발견하게 되었습니다. 그 발자국을 따라 한 발자국 한 발자국 걸음을 옮기며, 위험한 들판을 가로지르기 시작했습니다. 그 발자국은 어른의 발자국이었습니다. 그 발자국대로 걸음을 옮기기가 쉽지 않았습니다. 발자국의 보폭에 맞추어 걸어가다 보면 때로 자기 걸음보다 반보는 더 팔짝 건너뛰어야 했습니다. 발자국의 주인공이 거인이었나? 어떨 때는 발자국이 고르지 않았습니다. 어지러이 널려 있었습니다. 보폭도 그렇고 방향도 그렇고 모양도 그랬습니다. 발을 헛디뎠나? 넘어졌나? 마침내 소년은 무사히 건너편 땅에 이르렀고, 묻힌 보물을 찾기 시작했습니다. 소문은 사실이었습니다. 그는 보물을 발견하여 큰 부자가 되었습니다. 그리고 자신이 찾은 수많은 보화를 다른 사람들과 후하게 나누어 가졌습니다.

우리는 저 소년과도 같습니다. 지도에 없는, 그 누구도 가 보지 않은 길을 내며 위험한 땅을 통과하여 지나갑니다. 사방 곳곳에 우리를 노리는 적들이 있습니다. 늑대와 같은 들짐승들이 들판을 배회하면서 삼킬 자를 찾습니다. 우리는 모두 영적 부모로부터 도움과 인도가 필요합니다. 그들은 그 옛길을 한 걸음 앞서 걸어가며 본을 보인 개척자요 선구자입니다. 우리에게는 그들의 귀한 본과 격려가 필요합니다. 우리는 그들의 본을 통해 많은 교훈을 배웁니다. 그들의 실패와 넘어짐을 통해서도 배웁니다.

성경에 나오는 위대한 인물들이 저 멀리 우뚝 서 있습니다. 그들이 남긴 발자취는 크고 넓어, 때로 그 발자취를 따르는 게 여간 어려운 일이 아님을 깨닫습니다. 그들은 마치 '거인'처럼 보입니다. 나같이 작고 연약하고 보잘것없는 사람이 어떻게 그들을 따를 수 있을까 하는 생각이 들기도 합니다.

로마서 15:4은 이렇게 말씀합니다. "무엇이든지 전에 기록한 바는 우리의 교훈을 위하여 기록된 것이니 우리로 하여금 인내로 또는 성경의 안위로 소망을 가지게 함이니라." 이 놀라운 믿음의 영웅들이 살아간 삶에는 오늘 우리에게 전해 주는 귀한 메시지가 들어 있습니다. 그들의 이야기는 우리를 격려하기 위하여 기록되었습니다. 그들은 때로 보통 사람으로서는 불가능해 보이는 위대한 행동을 하기도 하고 위대한 승리를 경험하기도 했습니다. 이는 우리 모두에게 크나큰 격려와 용기를 줍니다. 우리로 하여금 포기하지 않고, 더 크고 높은 목표를 향하여 불타는 열망을 가지고 나아가도록 동기를 줍니다. '인내'라는 말은 그 길을 갈 때 난관이 있음을 암시합니다. 때로는 힘든 싸움이 있음을 말해 줍니다. 이 모든 과정을 통해 하나님께 충성스러운 사람이 되어 갑니다.

이 믿음의 선배들이 처음부터 믿음의 '거인'이 된 것은 결코 아니었습니다. 하지만 그 길 끝에서 그들은 '거인'이 되어 나왔습니다. 우리에게도 희망이 있습니다. 그들에 대하여 공부하면서 그들을 본받기 위해 힘쓴다면 우리도 소망을 가질 수 있습니다. 현재의 자신을 보고 낙심하지 마십시오. 마침내 우리 자신이 미래 세대에게 '거인'이 될 수 있기 때문입니다.

우리는 하나님의 말씀인 성경이 들려주는 이야기를 통해 귀한 교훈을 배웁니다. 성경에 나오는 여러 인물의 이야기는 오늘날 우리에게 아주 중요하고도 의미 있는 메시지와 원리를 전해 줍니다. 그들은 그 메시지와 원리를 실제 구체적인 삶으로 보여 주었습니다.

일곱 인물

이 책에서는 성경의 인물 중에서 일곱을 선택하였습니다. 그들에게 끌린 까닭은 내 삶이 그들의 삶과는 거리가 멀었기 때문입니다. 나는 그들의 이야기를 깊이 공부했습니다. 참으로 즐거웠습니다. 그리고 그들의 이야기를 메시지로 전하기 시작하였습니다. 사실상 내 자신에게 제일 유익한 메시지가 되었습니다. 공부한 내용을 다양한 그룹의 사람들에게 전하였고 반응은 뜨거웠습니다.

이 책은 세 가지 면에 강조점을 두었습니다.

1부에서는 '**하나님과의 친밀함**'에 초점을 맞춥니다. 하나님과의 친밀함은 우리를 향한 하나님의 가장 우선적인 부르심입니다. 여기서는 다윗과 바울, 두 인물을 탐구하게 되는데, 그들은 하나님과의 친밀한 관계를 추구한 대표적인 인물이라고 할 수 있습니다. 두 사람은 나름대로 저마다 고유한 특징을 지니고 있습니다.

다윗은 구약성경에서 하나님과의 친밀함을 추구하며 산 사람의 본보기라 할 수 있습니다. 전심으로 하나님을 추구한 전형적인 예입니다. 평생 하나님을 좇은 사람입니다. 바울은 신약성경에서 다윗과 같은 인물입니다. 그는 그리스도를 간절히 추구했습니다. 그리스도와 온전히 연합된 삶에 이르고자 열망하고 힘썼습니다.

다윗과 바울은 경이로운 발자취를 남겼습니다. 다윗은 이스라엘 왕국의 경계를 널리 확장하는 데 크게 기여했고, 사도 바울은 교회의 경계를 새로운 지방과 문화로까지 널리 확장시키는 데 크게 기여했습니다. 하지만 가장 큰 기여는 주님을 간절히 추구한 데 있다고 믿습니다.

2부에서는 '**하나님을 향한 헌신**'에 초점을 맞춥니다. '주재권'이 그 핵심입니다. 하나님이 과연 하나님이시라면, 우리의 모든 것을 하나님께 내어 드림이 마땅합니다. 전적으로 하나님께 굴복하며, 그 대가가 무엇이든 상관없이 하나님께 순종합니다. 우리의 모든 것을 다하여 하나님만을 사랑하며, 온몸과 마음을 다해 주님 앞에 엎드려 경배하고 주님만을 예배합니다. 우리의 전 존재를 주님께 아낌없이 다 바칩니다. 주님은 우리의 전폭적인 헌신을 받기에 합당하신 분이기 때문입니다.

이 주제를 위하여 선택한 세 인물이 아브라함, 모세, 마리아입니다. 아브라함은 믿음의 선구자입니다. 그것만으로도 그를 선택하기에 충분합니다. 그러나 내가 주목한 점은 하나님께 대한 아브라함의 절대적 순종입니다. 그는 이삭을 번제로 드리라는 하나님의 명령을 받았을 때 즉시로 순종하였습니다. 이것은 '포기의 길'입니다. 모세는 치러야 할 대가가 무엇인지는 전혀 상관하지 않고 절대적으로 굴복하는 '순종의 길'을 걸었습니다. 마리아는 예수님을 위해 아낌없이 허비하는 '헌신적 사랑의 길'을 보여 주었습니다. 마리아가 예수님께 매우 귀하고 값진 향유를 부었을 때 주위 사람들은 분을 내면서 "무슨 의사로 이 향유를 허비하느냐?" 하고 책망하였습니다. 그러나 예수님께서는 마리아를 칭찬하시면서 이렇게 말씀하셨습니다. "저가 내게 좋은 일을 하였느니라"(마태복음 26:10, 마가복음 14:6). '좋은 일'이란 아름답고도 선한 일이라는 의미입니다.

3부에서는 '**세상과의 올바른 관계**'에 초점을 맞춥니다. 이 세상에서 '우리의 역할'이 무엇인지 생각해 봅니다. 우리가 살고 있는 이 세상은 복음에 적대적입니다. 세상은 성도들을 대적합니다. 세상과 성도들 사이에는 수많은 싸움터가 있습니다. 겉으로 보기에 성도들은 세상보다 수적으로 열세이고 힘이 부족해 보입니다. 다니엘과 에스더의 이야기에서는 하나님의 사람들이 앞에 놓인 위험한 길을 어떻게 헤치고 걸어가야 할지를 보여 줍니다. 다니엘은 적대적인 세상과 관련된 문제를 잘 이해하도록 도와줍니다. 에스더는 연약한 우리 자신 뒤에 있는 하나님의 손을 보도록 도와줍니다. 에스더가 그랬듯이 우리는 연약하기 그지없습니다. 하지만 하나님께서는 연약한 자들을 택하셔서 하나님의 도구로 사용하십니다. 우리의 DNA 속에는 자신을 먼저 챙기려는 자기 보존 본능이 심어져 있습니다. 우리는 에스더를 통해 이 자기 보존 본능을 극복하는 법을 배우게 됩니다.

이 믿음의 영웅들은 모두 완전무결한 사람이 아닙니다. 그들도 역시 여러 가지 오점과 약점 등을 지니고 있습니다. 성경은 우리를 위하여 그 내용을 있는 그대로 기록하며 거기서 배우라고 합니다.

예를 들어, 다윗은 밧세바를 범하고는 감쪽같이 감추려고 했으나 뜻대로 되지 않자, 충성스런 장군인, 밧세바의 남편 우리아를 죽일 계획을 세웠습니다. 그래서 총사령관인 요압에게 치열한 전투 현장에 우리아를 남겨 두고 물러나서 죽게 하라고 명령했습니다. 자기의 악한 행동을 덮으려고 참으로 파렴치한 계략을 꾸몄습니다. 그는 그 흉계를 수행하는 과정에서 함께 죽게 될 병사들에 대해서도 전혀 개의치 않았습니다. 그런데도 다윗은 하나님의 마음에 합한 사람이라는 말을 들었습니다. 왜냐하면 하나님의 뜻을 다 이룰 것이기 때문이었습니다. "폐하시고 다윗을 왕으로 세우시고 증거하여 가라사대, '내가 이새의 아들 다윗을 만나니 내 마음에 합한 사람이라. 내 뜻을 다 이루게 하리라' 하시더니"(사도행전 13:22). 다윗은 결코 완전하지 않았습니다. 그러나 그는 하나님을 간절히 구하였고, 하나님께서 원하시는 바를 행하기를 간절히 원하였습니다.

아브라함은 어떻습니까? 그는 믿음의 거인이요 선구자이었지만, 여러 번 흔들렸고 실족하였습니다. 자기 목숨을 잃을까 두려워하여 거짓말을 했습니다. 아내인 사라더러 자기 누이라 하라고 시켰습니다. 이복 누이로서 아내가 되었으므로 100% 거짓말은 아닙니다. 하지만 그는 반쪽의 진실 뒤에 숨었습니다. 애굽왕 바로가 자기를 해칠까 봐 그렇게 한 것입니다. 그런데 얼마 후 가나안 땅에서 그랄왕 아비멜렉을 만났을 때도 똑같은 일을 또 반복했습니다. 그때마다 하나님께서는 개입하셔서 아브라함과 사라를 보호해 주셨습니다. 그리고 또 아브라함은 하나님의 약속의 성취를 인내로 기다리지 못하고 조급해하였습니다. 하나님의 때를 기다리기보다는 인간적인 방법을 통하여 자손을 얻으려 했습니다.

모세는 어떻습니까? 스스로는 이스라엘 자손의 구원자로서 하나님의 도구로 쓰임받을 준비가 되어 있다고 확신했을지도 모릅니다. 그래서 어떤 애굽인이 동족 이스라엘 사람을 학대하는 것을 보고, 그냥 보고만 있을 수 없어 자기 손으로 해결하였습니다. 그 애굽인을 아무도 몰래 죽인 것입니다. 하지만 이것을 본 사람이 있어 결국 들통이 났고 광야로 도망갔습니다. 그 황량한 광야에서 가축 떼를 치며 목자로 40년을 보내야 했습니다. 그렇게 40년이 지난 후 하나님께서는 모세가 준비되었다고 여기시고 광야 불타는 떨기나무에서 그에게 나타나셨습니다. 그리고 애굽으로 돌아가 하나님의 백성을 약속의 땅으로 인도해 내라고 말씀하셨습니다. 그 무렵 그의 자신감은 그를 떠난 지 이미 오래였습니다. 자기는 완전히 부적당하다고 느꼈습니다. 여러 변명을 늘어놓으면서 어떻게든 하나님의 명령을 따르지 않고 피하려 했습니다. 순종하지 않는 그를 보고 하나님께서는 크게 진노하셨습니다. 모세는 또한 이스라엘 백성의 고집 센 불순종 때문에 그들에게 아주 크게 화를 낸 적도 있었습니다. 그 결과 그는 하나님의 지시를 불순종하게 되었고 그 대가로 약속의 땅에 들어가지 못하게 되었습니다. 이처럼 그에게 이런 부정적인 면이 있었지만 그는 평생 자원하여 즐거이 하나님께 순종하는 삶을 선택하였습니다. 세상에서 어떤 값을 치르더라도 주님을 위하여 받는 고난을 더 좋아하였습니다. 주님을 위하여 받는 능욕을 애굽의 모든 보화보다 더 큰 재물로 여겼습니다.

어떤 인물들은 그들의 흠이 분명히 기록된 바가 없기도 합니다. 그렇다고 그들이 완전하리라는 환상을 가질 수는 없습니다. 선택된 인물 일곱 명은 우리에게 더 높은 수준의 헌신과 순종을 하도록 도전합니다. 그들에게도 각기 나름의 약점이 있었지만, 그럼에도 그들을 선택한 까닭은 그들의 삶을 통해 배울 수 있는 귀중한 교훈과 원리가 많기 때문입니다. 이 책은 거기에 초점을 맞춥니다.

하나님께서 오직 완벽한 사람만 사용하신다면, 아무것도 이루어지지 않았을 것입니다. 하나님께서는 누구나 사용하십니다. 준비가 되어 있기만 하면 말입니다. 우리는 하나님께서 언제든지 우리를 쓰실 수 있도록 준비되어 있어야 합니다. 이는 저절로 되지 않습니다. 이를 위해 끊임없이 자신을 부지런히 훈련해 나가야 합니다. 나는 영적으로 어린 시절에 영적 지도자들을 통해 이 원리를 배웠습니다. 여기에는 자원하여 하나님의 뜻을 행하려는 마음과 모든 일에서 주님께 굴복하려는 태도 등도 포함되어 있습니다.

마지막으로, 이 책은 어떤 행동 지침서가 아닙니다. 확신하건대 진짜 전투는 마음과 생각 속에서 일어납니다. 사고방식이 바뀌어야 행동도 바뀝니다. 외적인 행동을 바꾼다고 사고방식도 꼭 바뀌는 것은 아닙니다. 행동과 습관과 인격과 삶이 바뀌려면 생각과 사고방식이 바뀌어야 합니다. 각 장 끝에는 개인의 삶에 실제적인 적용을 할 수 있도록 묵상 및 적용을 위한 질문을 제시하였습니다. 소그룹에서나 개인적으로 사용하면 큰 도움이 될 것입니다.

제 1 부
하나님과의 친밀함

1

다윗의 갈망:
하나님을 사모하다

하나님을 생각하면 내 마음은 기쁨으로 충만하여
음표들이 펜을 떠나 뛰놀며 춤을 춥니다.
- 프란츠 하이든

다윗의 갈망: 하나님을 사모하다

내가 여호와께 청하였던 한 가지 일 곧 그것을 구하리니, 곧 나로 내 생전에 여호와의 집에 거하여 여호와의 아름다움을 앙망하며 그 전에서 사모하게 하실 것이라. (시편 27:4)

"너희는 내 얼굴을 찾으라" 하실 때에, 내 마음이 주께 말하되 "여호와여, 내가 주의 얼굴을 찾으리이다" 하였나이다. (시편 27:8)

또 여호와를 기뻐하라. 저가 네 마음의 소원을 이루어 주시리로다. (시편 37:4)

여호와의 이름에 합당한 영광을 돌리며 거룩한 옷을 입고 여호와께 경배할지어다. (시편 29:2)

성경에서 다윗과 그 아들 솔로몬의 삶을 살펴보면 두 가지 두드러진 열망이 있음을 볼 수 있습니다. 하나는 '친밀함'을 추구하는 열망이요, 다른 하나는 '영향력'을 추구하는 열망입니다. 이 두 열망은 강하면서도 서로 대조적입니다. 때로는 서로 대립하고 충돌하기까지 합니다. 각각의 열망은 사람을 움직여 어떤 방향으로 살도록 이끌어 갑니다.

솔로몬에게는 '영향력'을 추구하는 열망이 더 강하였습니다. 통치 초기에 그가 하나님께 구한 내용에 잘 나타나 있습니다. 열왕기상 3장을 보면, 하나님께 이렇게 구했습니다. "누가 주의 이 많은 백성을 재판할 수 있사오리이까? 지혜로운 마음을 종에게 주사 주의 백성을 재판하여 선악을 분별하게 하옵소서"(9절). 참으로 고상하고 사사로운 욕심이 없는 기도입니다. 백성을 재판할 때 옳고 그름을 가려 판결할 수 있는 지혜로운 마음을 구했습니다. 그 결과 하나님께 칭찬을 듣고 큰 축복을 받았습니다. 솔로몬의 기도에서 반복해서 나타나는 말은 '백성을 재판하다'입니다. '재판하다'라는 말은 주로 '다스리다'로 번역되었습니다. 왕정 시대 이전에 이스라엘을 다스렸던 사사들의 주된 임무가 재판관으로서의 일이었습니다. 이처럼 재판은 통치의 주된 기능이었습니다. 고대 국가의 왕들은 최고 통치자인 동시에 최고 재판관이었습니다. 따라서 솔로몬의 기도는 사람들에게 효과적으로 영향을 미치는 '영향력'과 관계가 있음을 알 수 있습니다.

분명한 점은 우리에게도 이러한 열망이 있다는 사실입니다. 그래서 솔로몬과 쉽게 동일시할 수 있습니다. 어떤 이는 학문적 탁월함을 목표로 해서 좋은 학점을 얻으려고 열심히 공부합니다. 어떤 이는 스포츠나 예술 분야에서의 탁월한 성취를 추구합니다. 어떤 이는 직장 생활에서 어찌하면 탁월한 성과를 낼 수 있을지 힘써 추구합니다. 거기에 따른 금전적 보상에 대한 기대도 있겠지만, 나름의 성취감과 보람을 맛보기 위해 전심전력하여 일합니다. 이처럼 사람들은 저마다 자기 분야에서의 성공을 위해 혼신의 힘을 다하곤 합니다. 그 결과가 지위의 향상일 수도 있고, 뛰어난 업적이나 성취일 수도 있고, 남들이 부러워하는 부나 권력일 수도 있고, 사람들의 인정이나 명예일 수도 있습니다. 아무튼 영향력을 추구하는 열망은 이러한 보상을 먹고 에너지를 재충전하며 힘을 얻습니다.

학창 시절에는 학문적 성취를 추구하느라 에너지를 너무 많이 쓰는 바람에 진이 다 빠지기도 합니다. 그런 다음 직장에 들어가서는 그게 '돈'을 추구하는 것으로 바뀝니다. 어떻게 하면 돈을 많이 벌 수 있을까 하여 거기에 거의 모든 에너지를 다 쏟습니다. 그래야 신용카드도 마음껏 사용하고, 멋진 자동차도 굴리고, 멋진 집도 사고, 멋진 휴가도 즐기고, 풍요로운 미래와 노후를 보장할 수 있기 때문입니다. 학창 시절과 단지 추구하는 대상이 바뀌었을 뿐 변한 것은 없습니다. 본질적 동기는 그대로입니다. 세상에서의 영향력을 추구하는 열망이 그 밑바탕에 있습니다. 하지만

이 열망이 또 다른 열망과 올바르게 균형을 이루지 못하면, 너무나도 자주 이러한 성공에는 크나큰 대가가 따릅니다. 또 다른 열망이란 바로 하나님과 친밀한 관계를 형성하고 발전시키고자 하는 열망입니다. 즉 영적 성장을 추구하는 열망입니다.

어떤 사람들은 이 영향력을 추구하는 열망을 자기가 얼마든지 통제할 수 있다고 자신 있어 합니다. 그래서 어떤 이는 세속적인 직업을 버리고 전임 사역에 뛰어들기도 합니다. 그러면 오로지 하나님을 추구하는 데에 자신의 삶을 헌신할 수 있다고 생각합니다. 하지만 그런다고 문제가 완전히 해결되진 않습니다. 슬프게도 세속적인 목표가 외관상 영적인 목표로 단지 대체되었을 뿐입니다. 그 속을 들여다보면 이 '영적인' 목표는 영향력을 추구하는 열망과 연결되어 있는 경우가 많습니다. 전임 사역자가 된다고 해서 세속적 욕망에서 벗어날 수 있는 것은 아닙니다. 잃어버린 자들에게 전도를 하고 주님을 믿은 사람들을 양육하여 영적으로 성장하도록 돕고, 그들을 주님의 제자와 일꾼으로 세워 주는 등 사역에 사로잡혀 온 힘을 다합니다. 주님의 일을 위해 자기의 모든 것을 바칩니다. 물론 이 자체가 잘못된 것은 아닙니다. 참으로 훌륭한 일입니다. 문제는 초점이 '주님'에게서 '주님의 일'로 옮겨 간 데 있습니다. 그 결과 주님과의 친밀한 교제를 갖지 못하여 정작 자신을 먹일 겨를이 없습니다. 그러다 보면 얼마 안 가서 자기도 모르게 점차 영혼이 메마르게 됩니다. 힘이 빠집니다. 에너지가 고갈됩니다. 마침내 사역은 단조롭고 무미건조해지고 힘든 일이 되어 버립니다. 안타깝게도 내 자신이 그러한 경험을 한 적이 있어서, 그렇게 느끼는 사람들을 깊이 공감할 수 있습니다. 하나님과의 친밀함을 먼저 추구하기보다는 사역의 성공을 추구한 결과입니다. 이처럼 영향력을 추구하는 열망을 이겨내지 못하고, 그러지 말아야지 하면서도 그것이 삶을 지배하도록 허락해 버리기가 얼마나 쉬운지 모릅니다.

또 하나의 열망은 하나님과의 친밀함을 추구하는 열망입니다. 다윗이 그 예를 잘 보여 줍니다. 시편 27편에서 다윗은 이렇게 말합니다. "내가 여호와께 청하였던 한 가지 일 곧 그것을 구하리니, 곧 나로 내 생전에 여호와의 집에 거하여 여호와의 아름다움을 앙망하며 그 전에서 사모하게 하실 것이라"(4절). 다윗에게는 오직 한 가지 소원과 열망이 있었습니다. 이 구절에서 "구하다", "거하다", "여호와의 집[전]", "여호와의 아름다움", "앙망하다", "사모하다"라는 말을 주목하기 바랍니다. 이 말들은 하나님과의 친밀함을 추구하는 다윗의 열망을 표현하고 있습니다. 적으로부터 생명의 위협을 받고 있을 때조차도 간절히 하나님과의 친밀함을 추구하는 것이 그의 삶의 초점이었습니다.

그 결과 하나님께서는 다윗에게 최고의 칭찬을 하셨습니다. "폐하시고 다윗을 왕으로 세우시고 증거하여 가라사대, '내가 이새의 아들 다윗을 만나니 **내 마음에 합한 사람**이라. 내 뜻을 다 이루게 하리라' 하시더니"(사도행전 13:22). 다윗은 하나님께 내 마음에 드는 사람, 내 마음에 맞는 사람이라는 칭찬을 들었습니다. 세상에 이보다 더한 칭찬이 있을까요? 이처럼 하나님과의 친밀함을 추구하는 열망이 다윗의 삶의 특징이었습니다. 젊은 시절부터 노년에 이르기까지 일평생 다윗은 그렇게 살았습니다. 주님, 평생에 다윗처럼 하나님을 구하고 하나님을 기뻐하는 마음을 품고 살아가게 하소서!

'하나님을 추구하는 사람', 대부분은 이 말에 익숙합니다. 그는 하나님을 좇는 사람입니다. 그러나 이 말은 자칫 그 의미가 훼손될 수 있습니다. 자기는 하나님을 추구하는 사람이라고 생각하나, 실제로는 자기만의 열망이나 욕망을 추구하고, 자기에게 좋아 보이는 대로 살아가는 사람일 수도 있습니다. 남들은 몰라도 자신은 자기를 잘 알기에 어쩌면 때로 마음에 죄책감을 느낄 수도 있습니다. 그래서 진정으로 하나님을 추구해야 한다는 사실을 깨닫고는 하나님과의 친밀한 관계를 발전시키기 위해 나름대로 작은 시도를 하기도 합니다. 이처럼 '하나님을 추구한다'는 말 속에는 상반된 모습이 들어 있을 수 있습니다. 하나는 진정으로 하나님을 추구하는 것이요, 또 하나는 겉모습은 비슷할지 모르나 속을 보면 피상적으로 하나님을 추구하는 것입니다.

사울왕에 대해 생각해 봅시다. 그는 둘 중 어느 쪽일까요? 사울의 이야기를 처음 들어서 앞뒤 사정을 잘 모르는 사람은 그를 진정으로 하나님을 추구한 사람으로 생각할 수도 있습니다. "기스가 아들이 있으니 그 이름은 사울이요 준수한 소년이라. 이스라엘 자손 중에 그보다 더 준수한 자가 없고, 키는 모든 백성보다 어깨 위는 더하더라"(사무엘상 9:2). 그는 눈에 확 띄게 멋진 젊은이였습니다. 이스라엘 백성 중에 그처럼 늠름하고 잘생긴 사람이 없었습니다. 누구라도 그 옆에 서면 그의 어깨 아래에 겨우 닿을 만큼 키도 훤칠했습니다. 사울은 사무엘에 의해 왕으로 뽑혔을 때 이렇게 말했습니다. "나는 이스라엘 지파의 가장 작은 지파 베냐민 사람이 아니오며, 나의 가족은 베냐민 지파 모든 가족 중에 가장 미약하지 아니하니이까? 당신이 어찌하여 내게 이같이 말씀하시나이까?"(사무엘상 9:21). 자기 지파와 자기 가족이 이스라엘 중에서 가장 작고 미약하다는 사실을 솔직히 인정하였습니다. 이처럼 자신을 낮추었습니다. 사무엘상 10장을 보면 백성이 그를 왕으로 세우려고 찾았을 때 아무 데서도 찾을 수가 없었습니다. 얼마 후 사람들은 짐 가운데 숨어 있는 그를 발견했습니다. 사울은 처음에는 참으로 겸손한 태도를 보였습니다. 또한 선지자 무리와 함께 있어 예언을 하기도 했습니다.

그런데 나중에 가면 다른 모습을 보입니다. 사무엘상 15장을 보면 하나님께서 아말렉을 쳐서 진멸하라고 하셨을 때, 자기 딴에는 하나님의 지시에 100% 순종하였다고 강변했지만, 사실은 자기 방식대로 행하여 불순종했습니다. 그는 언뜻 보면 하나님을 추구한 사람으로 보입니다. 그러나 그의 행동과 삶 전체를 자세히 살펴보면 그렇지 않다는 사실을 알 수 있습니다. 하나님께서는 그를 버리셨고, 그는 비극적 종말을 맞이했습니다. 그는 진정으로 하나님을 좇은 사람이 아니었습니다.

피상적으로 하나님을 추구하는 사람들 중에도 어떤 이들은 권위 있는 높은 위치를 차지할 수도 있습니다. 입에서는 듣는 이의 마음을 사로잡는 아름다운 말이 흘러나올 수도 있습니다. 외관상으로는 아주 '영적'인 모습으로 나타나 보일 수도 있습니다. 그들의 복장과 외모, 말과 행동, 습관과 관행 등 겉으로 드러난 모습만 보면 아주 영적입니다. 하지만 마음속에서는 전혀 그렇지 않습니다. 생명이 없는 사람들입니다. 마태복음 23장에서 예수님께서는 그들을 "외식하는 자"라고 부르셨습니다. 그들은 위선자였습니다. 또한 "소경 된 인도자"라 하셨습니다. 그들을 향해 "뱀들아, 독사의 새끼들아, 너희가 어떻게 지옥의 판결을 피하겠느냐?" 하고 말씀하셨습니다. 그들을 향해 일곱 번이나 "화 있을진저!" 하고 심히 책망하셨습니다.

그러면 진정으로 하나님을 추구하는 사람들에게는 어떤 특징이 있을까요?

하나님을 기뻐함

시편을 많이 지은 시인이었던 다윗은 하나님을 기뻐하는 삶을 산 전형적인 인물입니다. 하나님을 진심으로 추구하는 사람은 삶 속에 하나님으로 인한 기쁨이 충만합니다. 그가 사무엘에게 왕으로 기름 부음을 받은 후 공식적으로 처음 등장하는 장면이 사무엘상 16장에 나와 있습니다. 그때 그가 사람들에게 어떤 사람으로 알려져 있었는가가 다음 말 속에 잘 나타나 있습니다. 사울의 신하 하나가 다윗에 대하여 이렇게 말했습니다. "내가 베들레헴 사람 이새의 아들을 본즉 탈 줄을 알고 호기와 무용과 구변이 있는 준수한 자라. 여호와께서 그와 함께 계시더이다"(18절). 그는 이미 소문이 자자한 젊은이였습니다. 수금을 잘 탈 뿐만 아니라 기백이 있고 용감하며 구변이 좋고 용모도 아름다운 사람이었습니다. 말년에 자신을 다음과 같이 묘사하였습니다. "이는 다윗의 마지막 말이라. 이새의 아들 다윗이 말함이여. 높이 올리운 자, 야곱의 하나님에게 기름 부음 받은 자, 이스라엘의 노래 잘하는 자가 말하도다"(사무엘하 23:1). 그는 "호기와 무용과 구변이 있는 준수한 자"요 기름 부음을 받은 왕이었지만, 그 이상으로 널리 자타의 인정을 받은 것이 있습니다. 그것은 "이스라엘의 노래 잘하는 자"였습니다. 다른 무엇보다도 그는 하나님을 찬양하는 시를 많이 짓고 노래한 시편 기자였습니다. 목동 시절, 들에 있을 때도 수금을 타며 하나님을 노래하며 기뻐하고 즐거워하였습니다. 치열한 전쟁을 하는 중에도 하나님을 기뻐하고 즐거이 노래하였습니다. 사울을 피해 필사적으로 도망 다니는 중에도, 시편들을 짓고 노래했습니다(시편 52, 54, 57편 참조).

다윗을 상징하는 아이콘은 칼이나 왕관이 아니라 수금이었습니다. 지금도 성지를 여행하다 보면 성경 시대에 다윗의 성읍이 었던 베들레헴성의 성벽 위에 수금이 걸려 있는 모습을 보게 됩니다. 관광객을 위해 걸어 두었습니다. 시편 57:7-8에서 다윗의 고백을 들어 보십시오. 먼저는 자기 영혼을 향하여 외치는 간절한 요청입니다. 또한 나아가 이 시편을 읽고 노래하는 모든 이의 심령을 향하여 호소하는 간곡한 초청입니다. 이 시편은 우리를 부르고 있습니다. 깨어 있어 하나님을 구하라고. 깨어서 하나님을 노래하고 찬송하고 경배하라고. 함께 읽어 봅시다.

> 하나님이여,
> 내 마음이 확정되었고
> 내 마음이 확정되었사오니
> 내가 노래하고
> 내가 찬송하리이다.
> 내 영광아, 깰지어다.
> 비파야, 수금아, 깰지어다.
> 내가 새벽을 깨우리로다.

시편 57편은 다윗이 사울을 피하여 굴에 있을 때 지었습니다. 사울의 추격을 피하면서 맞닥뜨린 여러 위험이 무엇인지 나타나 있습니다. "내 혼이 사자 중에 처하며, 내가 불사르는 자 중에 누웠으니 곧 인생 중에라. 저희 이는 창과 살이요, 저희 혀는 날카로운 칼 같도다"(4절). 여기에 보면 "사자", "불사르는 자"와 같은 표현이 나옵니다. '사자'라는 말은 사울의 군대가 다윗을 죽이려고 다윗이 숨어 있던 굴 근처를 눈에 불을 켜고 찾아다니는 모습을 비유적으로 표현한 것이라 할 수 있습니다. '불사르는 자'라는 말은 다윗을 죽이려 혈안이 된 사울이 마음속 깊이 맺힌 증오심으로 이글거리고 있음을 암시하는 표현입니다.

이와 같이 8절에 나오는 "비파"와 "수금"도 인간의 영혼을 상징하는 비유적 표현이라 할 수 있습니다. 다윗은 자신의 영혼을 향하여 부르고 있습니다. 내 영혼아, 깨어 있으라고. 하나님 앞에 깨어 있으라고. 그의 생명에 들이닥칠 임박한 위험을 인하여 기가 죽거나 마음이 약해져 심히 흔들리거나 낙담하지 말라고. 다윗이 처한 위급한 상황이 그를 하나님으로부터 떠나게 하는 것이 아니라 도리어 하나님께로 몰아갑니다. 하나님께 나아가 간절히 하나님의 도우심을 구하게 합니다. 눈을 들어 하나님만 우러러 바라보고, 하나님만 간절히 사모하게 합니다. 이것이 진정으로 하나님을 추구하는 사람의 특징입니다.

사람의 영혼은 비파나 수금 등 그 어떤 악기보다도 위대한 찬양 도구입니다. 악기는 하나님을 즐거워하는 영혼의 찬양에 사용되는 음악 도구일 뿐입니다. 비파나 수금은 현이 여럿인 악기입니다. 그 덕분에 재능 있는 음악가는 그런 악기를 이용하여 화려하고 멋진 음악을 만듭니다. 그러나 영혼은 줄이 하나뿐인 보잘것없는 악기입니다. 그럴지라도 하나님께 바쳐 드릴 수 있는 위대한 음악을 만들 수 있습니다. 음악은 영혼으로부터 나올 때에야 하나님을 기쁘시게 합니다. 하나님의 말씀 안에 깊이 잠겨 있을 때, 그리고 찬양과 감사와 간구 가운데 하나님을 즐거워하는 시간을 보낼 때, 우리 영혼은 현이 비록 하나뿐일지라도 수없이 다채롭고 아름다운 소리를 내게 됩니다.

하나님을 기뻐하는 것이 무엇인가

"또 여호와를 기뻐하라. 저가 네 마음의 소원을 이루어 주시리로다"(시편 37:4). 여기서 "기뻐하라"에 해당하는 히브리어는 '아나그'인데, 격렬하고 강렬하게 기뻐한다는 뜻입니다. 더할 나위 없이 최고로 기뻐하는 것을 의미합니다. 여호와를 기뻐한다는 것은 여호와 안에서 우리의 기쁨과 즐거움을 찾는 것입니다. 여호와를 생각하면서 즐거워하며, 여호와라는 이름만 들어도 기뻐하는 것입니다. "기뻐하라"는 말은 또한 명령형으로 되어 있습니다. 따라서 진실로 하나님을 즐거워해야 마땅합니다.

조너선 에드워즈는 영혼의 만족에 대하여 이렇게 말했습니다. "하나님을 즐거워하는 것이야말로 최고의 유일한 행복입니다. 우리 영혼이 진정한 만족을 얻을 수 있는 길은 이것밖에 없습니다." 이 말은 우리 영혼이 천국에서 누릴 궁극적 만족에 대해 말한 것이지만, 땅 위에서 누릴 만족에도 똑같이 적용될 수 있습니다. 그게 바로 진정으로 하나님을 추구하는 삶을 산 다윗이 의도한 바였습니다. 다윗은 하나님의 전에 들어가 하나님의 얼굴을 바라보며 하나님을 기뻐하였습니다. 매일매일 반복되는 일상 속에서도 하나님을 즐거워하였습니다. 뿐만 아니라 사망의 음침한 골짜기를 걷는 인생의 힘든 시기에도 하나님을 생각하고 기쁨과 즐거움으로 충만하였습니다.

처음 그리스도를 믿은 그 시절로 생각을 돌려보십시오. 비록 시간은 짧았어도 하나님의 말씀을 읽고, 단순한 기도를 하고, 주님과 교제하는 일에 열심이었을 것입니다. 지난 여러 해를 돌아보십시오. 해를 거듭할수록 하나님과의 관계가 성장하였습니까, 아니면 식었습니까? 17세기의 청교도 설교자였던 토머스 왓슨은 "성도의 영적 즐거움"이라는 책에서, 우리는 때로 영적 권태와 피로 상태에 빠져 하나님을 즐거워하지 않을 수 있다고 했습니다. 하지만 하나님을 즐거워하는 것이 완전히 사라진 것은 아니라고 했습니다. 이러한 권태와 피로감은 우리 안에 내주하는 죄 때문이라고 했습니다. 그 말은 우리 안에 있는 죄를 이김으로써 하나님을 기뻐하고 즐거워하는 삶을 회복할 수 있다는 의미입니다.

그는 나아가 한 가지 격려가 되는 말을 했습니다. "이러한 영적 냉랭함과 권태감은 결코 타고난 기질 같은 게 아닙니다. 그래서 얼마든지 변화가 가능하고 능히 극복할 수 있습니다. 바닷물이 썰물 때에는 한동안 빠져 나갔다가, 밀물 때에는 다시 밀려들어 오듯, 그리스도인의 영혼에도 밀물일 때가 있고 썰물일 때가 있습니다."

기쁨의 사다리

하나님의 자녀들이 기뻐하고 즐거워하는 것으로 무엇이 있습니까? 많이 있지만 순서대로 몇 가지로 정리해 보면 다음과 같습니다. 발판이 다섯 개인 사다리를 상상해 보십시오.

하나님의 구원: "내 영혼이 여호와를 즐거워함이여, 그 구원을 기뻐하리로다"(시편 35:9).

하나님의 백성: "땅에 있는 성도는 존귀한 자니 나의 모든 즐거움이 저희에게 있도다"(시편 16:3).

하나님의 말씀: "주의 긍휼히 여기심이 내게 임하사 나로 살게 하소서. 주의 법은 나의 즐거움이니이다"(시편 119:77).

하나님의 뜻: "나의 하나님이여, 내가 주의 뜻 행하기를 즐기오니 주의 법이 나의 심중에 있나이다 하였나이다"(시편 40:8).

하나님 자신: "또 여호와를 기뻐하라. 저가 네 마음의 소원을 이루어 주시리로다"(시편 37:4).

이 구절들에서 기쁨이나 즐거움을 표현하는 데에 사용된 말은 히브리어로는 서로 다른 말입니다. 이는 하나님을 기뻐하고 즐거워한다는 말에는 복합적인 의미가 담겨 있음을 암시합니다.

사다리의 맨 위는 다윗이 간절히 추구한 하나님입니다. 여호와의 집에 거하여 여호와의 아름다움을 앙망하며 여호와의 얼굴을 구하는 것, 이것이 다윗의 최고 열망이었습니다. 이는 우리에게 아주 중요한 사실을 상기시켜 줍니다. 수단과 목적이 뒤바뀌어서는 안 된다는 점입니다. 은혜의 수단에 몰두하다 보면 자칫 하나님의 임재하심의 즐거움을 놓칠 수 있습니다. 예를 들어 경건의 시간이나 성경공부나 기도는 하나님의 임재와 은혜를 누리는 수단이지 그 자체가 목적은 아닙니다. 목적은 하나님의 임재와 은혜를 누리고 즐거워하는 것입니다. 내 자신을 돌아보며 반성과 자백을 하게 되었습니다. 때로 나는 경건의 시간을 열심히 갖고 있었고, 열심히 성경공부를 하고 있었고, 열심히 기도를 하고 있었지만, 말씀을 공부하는 데만, 또는 기도하는 데만 생각이 온통 사로잡혀 있은 나머지, 나의 영혼은 하나님의 임재를 의식하고 있지 않은 적이 떠올랐기 때문입니다. 하나님을 맛보아 알지 못했습니다. 때로 '하나님과의 친밀함'을 추구하기보다는 '하나님에 대한 지식'을 추구했습니다. 얼마나 피상적으로 하나님을 추구하는 사람이었는지 모릅니다. 그러면서 경건의 시간을 가질 때든 기도할 때든 성경공부를 할 때든 이를 통해 하나님의 임재를 느끼고 하나님을 기뻐하고 즐거워하기를 힘써야 한다는 사실을 다시금 마음 깊이 새기게 되었습니다. 이것은 내가 성경공부를 통해 발견한 모든 내용 그 이상의 가치가 있었습니다.

하나님과 하나님께 속한 것을 열망함

그러면 하나님을 친밀하게 경험하는 사람이 많지 않은 이유는 무엇일까요? A. W. 토저는 "하나님을 추구함"이란 책에서 이렇게 대답합니다.

왜 어떤 이는 하나님을 발견하고, 어떤 이는 발견하지 못할까요? 왜 하나님께서는 어떤 이에게는 자신의 임재를 분명하게 나타내시고, 어떤 이에게는 흐릿하게 나타내실까요? 왜 많은 이들이 희미한 불빛 속에서 방황하고 있을까요? 물론 하나님의 뜻은 모두에게 똑같습니다. 하나님께서는 자기 자녀들 중 누구를 편애하지 않으십니다. 한 자녀를 위해 하시는 모든 것을 모든 자녀를 위해 하십니다. 차이는 하나님께 있는 것이 아니라 우리에게 있습니다.

그렇습니다. 하나님은 언제나 변함이 없으신데 우리 자신이 자꾸만 변합니다. 늘 바빠서 하나님과의 친밀함을 추구할 시간이 없습니다. 하나님께 집중하고 있어야 하는데 오래가지 못하고 금세 다른 데 생각을 빼앗겨 버립니다. 하나님을 바라는 만큼 하나님을 간절히 열망하는 것은 우리 책임입니다.

우리 부부가 만났던 두 사람이 있습니다. 일주일 사이에 만났습니다. 한 사람은 L이고, 한 사람은 A입니다. L은 우리가 전하는 복음을 듣고 예수님을 영접하였습니다. 그는 자신이 영적으로 성장하도록 도와 달라고 했습니다. 그리고 L이 예수님을 영접한 지 며칠 후 우리는 또 A를 만났습니다. A는 개인적인 문제가 있었고 도움이 필요했습니다. 처음 만난 그날 A는 우리 집 거실에서 복음을 듣고 예수님을 영접하였습니다.

L의 경우에 우리는 여러 해 동안 정기적으로 만나 개인적으로 열심히 도와주었습니다. 하지만 참으로 변화가 더디었습니다. 그러다가 사정이 생겨 교제가 중단되고 말았습니다.

A의 경우에도 우리는 여러 달 동안 매주 만나 영적으로 도와주었습니다. 하지만 A에게 피치 못할 일이 생겨서 부득이 교제를 계속할 수 없게 되었고, 그 후 몇 년 동안 소식을 듣지 못했습니다.

그러던 중 최근 A로부터 편지가 왔습니다.

안녕하세요? 저는 타이에 선교 여행을 갔다가 지금 막 돌아왔습니다. 우리는 기독교 계통의 학교가 아닌 일반 학교에 가서 몇 번 수업을 하며 찬송도 가르쳐 주고 성경 이야기도 들려주었습니다. 또한 가정 방문도 하여 복음을 전했습니다. 예수님에 대하여 들을 때에 학생들의 눈이 어찌나 초롱초롱 밝게 빛나던지 그 모습을 보고 너무도 놀랐습니다. 3년 전 제게 복음을 전해 주셔서 감사드립니다. 제 안에 예수님이 들어오신 이후로, 제 삶은 완전히 달라졌습니다. 이전의 제가 아님을 잘 알고 있습니다. 복된 하루하루가 되시기를 바랍니다.

A의 편지를 읽으면서 우리 입에서는 이구동성으로 "와! 할렐루야!" 하고 탄성이 저절로 나왔습니다. 선교 여행, 전도, 삶의 변화… 등 우리는 하나님께서 하신 일을 듣고 깜짝 놀랐습니다!

두 사람은 모두 같은 시기에 그리스도인이 되었지만 아주 극명한 차이를 보였습니다. 왜 그런 차이가 나게 되었을까요? L의 더딘 변화에 대해서는 무엇보다 먼저 우리가 그를 잘 양육하고 도와주지 못했다는 생각이 들어 많이 반성하게 되었습니다. 그렇다면 A의 경우에 대해서는 어떻게 설명할 수 있을까요? 그렇게 믿음이 성장하게 된 이유는 무엇일까요?

우리는 이 문제를 곰곰이 생각해 보았습니다. 물론 다른 요인이 작용했을 수도 있겠지만, 두 사람에게 있는 영적 식욕의 차이가 가장 큰 요인이라는 결론을 내리게 되었습니다.

늘 하나님을 향한 목마름과 배고픔이 있음

진정으로 하나님을 추구하는 사람들은 하나님을 향한 열망이 멈추지 않습니다. 한번 그리스도를 알게 되면 더 알고 싶어 합니다. 한번 그리스도를 맛보게 되면 그 맛을 잊을 수 없어 계속 그리스도를 더 '먹고 마시고자' 합니다. 그들이 경험한 바로 그 첫 번째 맛 곧 그리스도 안에 있는 구원의 영광이라는 그 맛이 그리스도를 더 알고자 하는 열정에 계속 기름을 붓고 부채질하여 활활 타오르게 합니다.

'식욕'과 연관된 표현에 '목마름'과 '배고픔'이 있습니다.

하나님을 향한 목마름

성경에는 하나님을 찾는 것을 '목마름'으로 표현한 구절들이 있습니다.

> 하나님이여, 주는 나의 하나님이시라. 내가 간절히 주를 찾되 물이 없어 마르고 곤핍한 땅에서 내 영혼이 주를 갈망하며 내 육체가 주를 앙모하나이다. (시편 63:1)

> 너희 목마른 자들아, 물로 나아오라. 돈 없는 자도 오라. 너희는 와서 사 먹되 돈 없이 값없이 와서 포도주와 젖을 사라. (이사야 55:1)

> 명절 끝 날, 곧 큰 날에 예수께서 서서 외쳐 가라사대 "누구든지 목마르거든 내게로 와서 마시라." (요한복음 7:37)

> 하나님이여, 사슴이 시냇물을 찾기에 갈급함같이 내 영혼이 주를 찾기에 갈급하니이다. 내 영혼이 하나님 곧 생존하시는 하나님을 갈망하나니, 내가 어느 때에 나아가서 하나님 앞에 뵈올꼬. (시편 42:1-2)

하나님을 찾는 사람들을 좀 더 자세히 살펴보면 여러 가지 유형이 있습니다.

한 가지 유형은 하나님을 평생 추구하는 사람들입니다. 그들은 간절히 주님을 찾습니다. 그들의 영혼이 주님을 갈망하며 목말라합니다. 주님을 우러러 사모하며 애타게 찾습니다. 한 번으로 끝나지 않고 평생토록 끊임없이 하나님을 사모하며 추구합니다. 천국에서 얼굴을 맞대고 주님을 만날 때까지 말입니다. 이러한 추구를 잘 보여 주는 사람이 사도 바울입니다. 빌립보서 3:8-14을 보면, 사도 바울은 그리스도를 알고, 그리스도를 얻고, 그리스도 안에서 발견되고, 그리스도를 본받기를 간절히 사모하여 평생토록 그것을 푯대로 삼고 힘써 달려갔습니다.

또 한 가지 유형은 그저 일시적으로 하나님을 찾는 사람들입니다. 그들은 영적 갈증을 느낍니다. 하나님을 찾습니다. 갈증이 해소됩니다. 그러고는 끝입니다. 육체적으로 갈증이 나면 물을 찾고, 물을 마시고 나면 갈증이 해소되는 것과도 같습니다. 일반적으로 생리적인 영역에서는 목마름은 해결되었다가도 계속 다시 생기고, 그럴 때마다 다시 물을 마시면 목마름이 해결됩니다. 그런데 어찌된 영문인지 영혼의 영역에서는, 때로 더 이상 하나님을 찾지 않는 사람들이 있습니다. 그들은 하나님을 찾다가 맙니다. 과거에 경험한 것으로 만족해 버립니다. 그래서 결국은 오랜 기간 자기 영혼을 굶기게 됩니다. 결국 영적으로 굶주리고 목마른 채 살아갑니다.

또 어떤 이들은 주님을 처음 만났던 그때의 경험을 아주 강조합니다. 방황하던 영혼이 진리의 복음을 듣고 예수님을 마음에 모셔 들임으로 길을 찾은 그것은 그들에게 많은 의미가 있었습니다. 그들의 삶을 완전히 뒤바꿔 놓는 큰 사건이었습니다. 그들은 너무도 흥분되었고 온 천하를 얻은 것처럼 뛸 듯이 기뻤습니다. 그러나 거기서 멈춥니다. 그동안 찾고 찾았던 바를 찾은 것으로 만족합니다. 주님과의 첫 만남이 아주 중요한 의미가 있다는 점은 맞습니다. 하지만 문제는 처음 회심만을 강조하고 거기에 머물러 더 나아가지 않는 데 있습니다.

어떤 사람들은 호기심이 많아 이것저것 많이 배우려고 합니다. 그래서 각종 수양회와 세미나, 강좌 등에 열심히 참석합니다. 이런저런 모임을 쇼핑하듯 찾아다닙니다. 오프라인 채널뿐 아니라 온라인 채널도 부지런히 찾아서 힘써 배웁니다. 이를 위해서 시간이나 돈과 에너지를 아낌없이 투자하기도 합니다. 그들의 삶에 영감을 줄 유명한 사람들을 끊임없이 찾아다닙니다. 우리에게 진정한 영감을 주시는 분은 오직 성령님이신데 말입니다. 나는 이 유명한 사람들을 깎아내리려는 의도는 추호도 없습니다. 그들이 전해 주는 내용은 그 자체로는 아주 훌륭하고 유익할 수도 있습니다. 물론 그들의 가르침도 필요합니다. 하지만 우리 스스로가 하나님의 말씀을 섭취하지 않고, 그들이 전해 주는 것만 먹고 산다면, 자칫 영양 불균형이나 소화불량에 걸리고 머리만 커지는 가분수가 될 위험성이 있습니다. 도리어 독이 될 수도 있습니다. 보다 지혜로운 것은 우리 스스로 직접 하나님의 말씀을 먹고, 주님 발 아래 앉아 주님의 가르침을 받는 것입니다. 우리가 말씀을 규칙적으로 섭취하고 하나님과 동행하는 영적 훈련들을 실천한다면, 저 유명한 사람들로부터 배운 내용이 비로소 우리에게 유익과 축복이 되며 우리의 믿음에 보탬이 됩니다. 잘못은 유명한 사람들에게 있는 것이 아니라, 뭐 흥미 있고 자극적인 교훈이 없나 하고 여기저기 기웃거리며 들락날락하는 우리 자신에게 있습니다.

아마도 오늘날 그리스도인들이 앓고 있는 심각한 병을 하나 든다면, 이런저런 활동과 좀 더 자극적인 것을 갈망하며 목말라 하는 것이라고 할 수 있습니다. 토머스 머튼은 다음과 같이 경고합니다. "그들은 쉼 없이 움직이기를 원합니다. 끊임없이 뭔가를 성취하기를 원합니다. 목마른 그들의 영혼은 께름칙하고 상한 것까지도 아무거나 먹으려고 듭니다. 이처럼 자기가 갈망하는 것에 눈이 멀게 되면 눈에 보이는 결과와 성공에 집착하게 되고, 급기야 한꺼번에 수십 가지 일을 하느라 눈코 뜰 새 없이 바쁘지 않으면 자신이 하나님을 기쁘시게 하고 있지 않다고 믿게 됩니다."

진정으로 하나님을 추구하는 사람들에게는 회심의 경험은 단지 첫 단계일 뿐입니다. 그들의 추구는 이제 막 시작되었을 뿐입니다. 그들에게는 놀라운 회심의 경험이 있습니다. 그들은 예수님을 사랑합니다. 예수님을 위하여 기꺼이 죽을 마음도 있습니다. 기꺼이 십자가를 지고 주님을 따르기를 원합니다. 예수님을 더욱더 알기 위하여 계속 예수님을 추구합니다. 때로는 곁길로 벗어날 수도 있습니다. 그러나 그리스도를 향한 열정으로 말미암아 능히 그리스도를 좇는 본래의 길로 다시 돌아갈 수 있습니다. 그들은 본래의 궤도에서 벗어나지 않고 계속 주님의 길을 갈 것입니다.

따라서 하나님을 추구하되 명목상으로 하는 사람들은 도중에 그만둘 수도 있지만, 진정으로 추구하는 사람들은 간절히 하나님을 찾고 추구할 뿐 아니라 평생 하나님을 좇아가는 삶을 삽니다(히브리서 11:6 참조).

다음 그림은 이 둘의 차이를 잘 보여 줍니다.

하나님을 향한 배고픔

영적 식욕은 또한 하나님을 향한 '배고픔'으로도 표현됩니다. 데이비드 브레이너드(1718-1747)는 항상 하나님을 향한 배고픔이 있었습니다. 그는 아메리카 인디언 지역에 선교사로 갔습니다. 하나님을 사랑하는 사람이었습니다. 그가 쓴 일기는 많은 사람에게 감동을 주어 선교사로 섬기도록 영향을 끼쳤습니다. 그 일기에서 영적 배고픔에 대하여 이렇게 썼습니다. "최근 하나님께서는 나의 영혼을 배고픈 상태로 두셨다. 이를 기뻐하셨고 거의 계속 그러셨다. 이로 인하여 내 영혼은 그런 고통마저 즐거워하는 기쁨으로 충만케 되었다. 내가 진정으로 하나님을 즐거워할 때, 주님을 갈망하는 나의 열망은 만족을 모르고 더욱더 불타오르며, 거룩함을 갈망하는 나의 목마름은 더욱더 깊어져 도저히 충족되지 않는다. 주님께서는 내가 충분히 채워져서 만족하게 되는 것을 허락지 않으시고 나를 계속 앞으로 나아가게 하신다."

계속 자신의 영혼을 먹이는 법을 앎

하나님을 추구하는 사람은 자신의 영적 식욕이 떨어지고 식욕이 없는 때를 알아차립니다. 하나님의 말씀이 재미가 없고, 기도하고 싶은 마음도 없는 때가 바로 그때입니다. 영적 식욕이 떨어지거나 없다는 사실은 그에게 뭔가가 잘못되어 있다는 것을 나타내 줍니다. 토머스 왓슨은 이에 대하여 다음과 같이 말했습니다. "병이 들어 아주 아픈 사람을 보십시오. 음식을 보고도 전과 같은 즐거움이 없습니다. 그 정도가 아니라 때로는 음식을 보기만 해도 거부 반응을 보입니다. 냄새만 맡아도 역겹고 구역질이 나기도 합니다. 하지만 다시 건강해졌을 때를 보면, 식욕이 왕성해져서 즐거운 마음으로 음식에 다가갑니다. 병이 들어 아주 아픈 사람처럼, 그리스도인도 영적 식욕이 떨어지거나 없어질 수 있습니다. 그와 같이 영혼이 좋지 않은 영향을 받아 슬픔과 침체 상태에 빠져 병이 나고 탈이 나면, 성경을 보거나 기도를 해도 전과 같은 기쁨과 즐거움을 맛볼 수 없습니다. 그러나 영혼이 다시 건강한 상태로 돌아오면, 하나님을 예배하고 섬길 때 기쁨과 즐거움이 넘칩니다." 따라서 영적 식욕이 떨어지면 근본 문제를 찾아서 해결하십시오. 그러면 영적 식욕이 다시 돌아오게 됩니다.

영적 식욕이 떨어지거나 없어지게 되는 원인으로 여러 가지가 있지만, 한 가지 분명한 것은 우리의 옛 성품, 즉 죄 된 본성이 거짓 열망을 먹도록 허락할 때 생깁니다. 이를 테면, 각종 우상 숭배, 각종 중독, 교만, 기타 모든 죄가 여기에 해당합니다. 이것들은 우리 영혼을 온갖 쓰레기로 가득 채웁니다. 그리하여 하나님과의 친밀한 관계를 사모하는 우리의 열망이 계속 타오르지 못하고 사그라지게 만들어 버립니다. 제임스 휴스턴은 우리 영혼을 가꾸고 살찌우기 위해 어떻게 해야 하는지 다음과 같이 조언합니다. "첫째로 해야 할 일은 마음속의 거짓 열망을 알아내어, 거기로부터 벗어나 자유케 되는 동시에, 참된 열망을 불타오르게 하는 것입니다. 이는 우리 영혼으로 하나님과의 진정한 관계를 갈망하게 하려는 것입니다. 진심에서 우러나오는 하나님과의 참된 관계만이 우리 삶을 충만케 할 수 있습니다."

또 어떤 때에는 영양가가 없는 '질 낮은 음식'을 삼가야 할 경우도 있습니다. 그런 것으로는 우리 영혼을 진정으로 먹일 수 없기 때문입니다. 정크 푸드가 위를 가득 채울 수는 있으나, 몸에 유익한 영양분을 주기보다는 오히려 몸에 해로울 수 있는 것과 마찬가지입니다. 영적으로도 이런 정크 푸드가 있습니다. 이런 것은 우선은 맛이 있어서 먹는 재미가 있을지언정 참된 영양가는 적습니다. 영어로 '재미'가 'amusement'인데, 'a'는 부정의 의미를 나타내는 접두사이고, 'muse'는 '사색하다, 깊이 생각하다'라는 뜻입니다. 따라서 이 단어의 본래 의미는 '아무 생각을 하지 않음'이라는 사실을 주목하기 바랍니다.

심지어 어떤 대체품 중에는 '영적인' 모양을 한 것도 있어서 얼른 보기에는 구별이 쉽지 않습니다. 영혼을 먹이기 위하여 따로 떼어 둔 시간은 어느 새 다른 영적인 활동으로 대체될 수도 있습니다. 예를 들면, 사역과 봉사로 이것저것 많은 일을 하다가, 결국 하나님과의 친밀함보다는 다른 사람들에게 영향을 미치고자 하는 열망만 먹이는 경우입니다. 이렇게 되면 내면의 삶을 가꾸는 면이 희생되고 맙니다.

자기의 영적 역량을 키우기를 열망함

영적 역량을 키우는 데 첫째가는 방법은 여러 영적 훈련을 부지런히 힘쓰는 것입니다. 혼자서 해도 되기는 하지만, 서로 책임지고 점검해 줄 수 있는 그룹 속에서 하면 훨씬 효과적입니다. 성경공부를 예를 들면, 스스로 공부한 다음 다른 그리스도인들과 함께 모여 나누고 토의하고 하는 것보다 더 나은 게 없습니다. 이렇게 하면 성경공부가 훨씬 더 풍성해집니다. 말씀을 더 깊이 파고들도록 자극하고, 믿음을 더 견고히 세워 줍니다. 나는 아내에 대해서 하나님께 감사드립니다. 아내는 간절히 기도합니다. 또한 하나님의 말씀 안에 깊이 침잠하기를 갈망합니다. 아내는 하나님을 향한 사랑과 말씀에 대한 통찰력에서 내게 큰 도전을 줍니다. 나는 이런 아내를 통해 많은 영적 부요함을 얻습니다.

계속 진정으로 하나님을 추구하는 사람이 되기 위해서는 동일한 목표를 가진 사람들을 자주 접하고 만나야 합니다. 만나는 방법은 여러 가지입니다. 직접 만날 수도 있고, 그들의 전기를 통해 만날 수도 있습니다. 또는 그들이 쓴 글이나 책을 통해 만날 수도 있습니다. 꼭 널리 알려져 있거나 베스트셀러일 필요는 없습니다. 그보다는 당신의 영혼을 풍성히 먹여 주고, 성경적 사고방식을 계발시켜 줄 책을 읽으십시오. 핵심은 깊이입니다.

때로는 한 사람을 지속적으로 만나 교제를 유지해 나가는 것도 아주 유익합니다. 우리의 경우를 소개합니다. 1978년에 우리 부부는 인도의 방갈로르에서 선교 사역을 하고 있었습니다. 그곳에서 네비게이토 사역을 시작하는 개척팀의 일원으로 참여했습니다. 그때 필립스 형제를 알게 되었습니다. 그는 지역교회 목사로 섬기면서 그곳에서 최고 권위가 있는 과학 협회도 책임 맡고 있었습니다. 그러다가 네비게이토 개척팀의 일원이 된 형제였습니다. 그는 전직 보디빌더였습니다. 그래서 그런지 몸이 날렵하고 다부졌고 자기 관리를 잘했습니다. 무엇보다 영적 훈련에 예외를 두지 않았습니다. 그중에서도 기도의 삶에서 특출하였습니다. 정기적으로 기도 시간을 내어 기도할 뿐 아니라 특별한 시간을 내어 기도하기도 했습니다. 삶과 사역에서 어려움을 만날 때면 그 어려움이 해결될 때까지 간절히 기도했습니다. 필립스와의 교제는 우리에게 특별한 선물이었습니다. 그는 하나님의 기도 응답을 풍성히 경험했습니다. 우리는 그를 통해 하나님의 약속이 성취되는 것을 보았습니다. 그는 성령으로 충만한 사람이었습니다.

필립스는 주님과의 관계가 매우 깊었습니다. 주님을 깊이 알고 있었습니다. 우리도 우리 딴에는 주님과의 관계에서 꽤 깊이가 있다고 생각했는데, 금세 우리의 얕은 영적 수준이 드러났습니다. 그래서 우리는 지금까지 해 오던 영적 훈련을 새로운 마음으로 해 나가게 되었고, 그러면서 영적으로 더욱 성장하고 깊이를 더해 갔습니다. 열정적이고 헌신적인 주님의 일꾼들을 만나고 그들과 동역하면서 하나님께 대한 우리의 헌신은 더욱 깊어졌습니다. 우리는 필립스와 같이 진정으로 주님을 추구하는 사람들을 만나 교제하면서 큰 유익을 얻었습니다. 그들은 영적 거인이었습니다. 하지만 이런 '영적 거인'들을 통해서만 배울 수 있는 것은 아닙니다. 진정으로 하나님을 추구하는 사람들은 평범한 사람들 중에도 많이 있었습니다. 그들은 하나님께 헌신되어 있었고, 그들의 헌신은 우리에게 깊은 감동을 주었습니다. 우리 마음속에 그들과 같이 되고자 하는 열정이 일게 했습니다. 우리가 만난 이 모든 사람들에 대해 하나님께 깊이 감사드립니다.

주위를 둘러보며 진정으로 하나님을 추구하는 사람들을 보내 달라고 기도하십시오. 그들은 당신을 도와줄 수 있습니다. 그들의 발자취를 따라 가십시오. 그들과 부지런히 교류하며 교제를 하고 그들로부터 배우십시오.

영성지수(SQ: Spiritual Quotient)

우리 모두는 다양한 능력을 지니고 있습니다. 흔히들 지적 능력을 측정한 값을 지능지수(Intelligence Quotient), 줄여서 'IQ'라 부릅니다. 여기서 사람들은 여러 가지 지수를 만들어 냈습니다. 예를 들어, 감성적 능력은 감성지수(Emotional Quotient), 줄여서 'EQ'라 부릅니다. 또 신체적 능력은 신체지수(Physical Quotient) 즉 'PQ'라 합니다. 또 도덕적 능력은 도덕지수(Moral Quotient), 줄여서 'MQ'라고 부르기도 합니다.

그러면 영적 능력은 어떻게 부를 수 있을까요? 우리는 이를 '영성지수(Spiritual Quotient)', 줄여서 'SQ'라 할 수 있을 것입니다. 그런데 SQ는 어떻게 측정할 수 있을까요?

영성지수란 우리의 영적 능력을 가리킵니다. 그런데 각 사람의 영적 능력을 양적으로 측정할 수는 없습니다. 그것은 질적인 것입니다. 주관적 판단으로 측정합니다. 하나님께서는 하나님 자신의 영광을 위하여 우리를 만드셨습니다(이사야 43:7 참조). 하나님을 사랑하고 하나님과 친밀한 관계 가운데 살도록 우리를 설계하셨습니다. 그렇다면 SQ에서 핵심 질문은 "나는 정말로 얼마나 하나님을 사랑하는가?" 하는 것입니다. 예수님께서 베드로에게 세 번 물으신 것이 "네가 나를 사랑하느냐?"였습니다(요한복음 21:15-17 참조). 첫 번째 질문에서 예수님께서는 "네가 이 사람들보다 나를 더 사랑하느냐?" 하고 물으셨습니다.

"이 사람들보다… 더"라는 말을 더하셨습니다. 베드로는 비교를 통해 주님께 대한 자기의 사랑을 헤아려 보는 도움을 받았습니다. 예수님께 대한 우리의 사랑을 다양한 대상에 대한 우리의 사랑과 비교해 보십시오. 이렇게 함으로써 우리도 자신의 SQ를 측정해서 자신의 영적 능력을 가늠해 볼 수 있습니다. 하나님을 향한 나의 사랑이 어느 정도인지를 재 볼 수 있게 됩니다.

때로 우리는 자신의 영적 식욕이 떨어지거나 영적 능력이나 용량이 줄어든 사실을 느낄 때가 있습니다. 눈에 보이는 영적 풍광이 온통 사막과 같을 수도 있습니다. 그럴 때에도 꼭 주목해야 할 점이 있습니다. 자신의 영혼이 아무리 메마르다 하더라도, 우리 영혼 속에 떨어지는 생수 한 방울 한 방울로 다시 생기를 되찾을 수 있다는 사실입니다.

나는 영적 침체를 깊이 경험한 적이 있습니다. 훨씬 훗날까지도 그게 무엇인지 몰랐습니다. 침체는 일 년 내내 계속되었고 신체적 에너지가 고갈된 것 같았습니다. 정서적으로도 불안정하고 심한 감정적 고통을 느꼈습니다. 때로는 극단적으로 화를 내기도 했습니다. 영적으로 메말랐고 만사에 환멸을 느꼈습니다. 모든 것이 어두웠습니다. 그때에 하나님께서 개입하셔서 마침내 회복되었지만 그 회복 과정은 참으로 더뎠습니다. 주님께서는 내 영혼에 생수를 한 방울 한 방울씩 떨어뜨려 주셨습니다. 문자 그대로 나를 한 걸음씩 한 걸음씩 인도하셨습니다. 이를테면 하루에 성경 말씀 한 구절을 주셨습니다. 이 말씀에 힘입어 나는 재활하듯이 하루에 한 걸음씩 내딛는 연습을 했습니다. 이 작은 발걸음이 모여 내가 회복하도록 도와주었습니다. 그 회복 기간은 침체 상태에 빠져 들어가는 데 걸린 시간만큼이나 길었습니다.

침체기 동안 나의 영적 용량은 바닥난 제로 상태였습니다. 그러다가 하나님의 은혜로 마침내 거의 정상으로 회복되었습니다. 하지만 이전과는 다른 새로운 정상이었습니다. 거기엔 질적인 변화가 있었습니다. 모든 경험이 합력하여 나를 부요케 했습니다. 하나님의 은혜와 사랑을 새롭게 발견하도록 도와주었습니다. 나의 SQ는 처음보다 오히려 증가했습니다. 고통과 어려움을 겪을 때 이를 올바로 다루면, 오히려 하나님과 동행하는 삶의 깊이가 더욱 깊어진다는 사실을 배웠습니다. 영적 '감각'이 새롭게 일깨워지고 하나님과 전보다 더 친밀해집니다. 하나님께서는 항상 가까이 계셨습니다. 고통스러운 환경은 도리어 믿음의 연단을 가져옵니다. 영혼은 다시 기능을 회복하고 힘을 얻게 됩니다. 고난당하기 전에는 영혼이 여러 가지 일이나 활동이나 물건이나, 심지어 사역에 사로잡혀 있을 수도 있습니다. 하지만 고난당한 후에는 영혼이 오직 하나님께만 사로잡혀 있게 됩니다.

자신의 영적 용량을 키워 달라고 주님께 간절히 기도합시다. 이것이 아우구스티누스의 기도였습니다. "주님, 제 영혼은 집과 같습니다. 주님께서 들어가시기에는 너무도 좁습니다. 주님, 그 집을 넓혀 주소서. 너무 더럽습니다. 주님, 그 집을 깨끗하게 하여 주소서. 그 집이 무너져 있습니다. 주님께서 다시 세워 주소서. 그 집에는 주님께서 보시면 기뻐하지 않을 게 많습니다. 저는 이 사실을 잘 알고 있습니다. 감추지 않겠습니다. 하지만 누가 제 영혼에서 이 더러운 것을 없앨 수 있겠습니까? 주님 외에는 아무도 없습니다."

기쁨을 앗아 가는 것을 이겨 냄

기쁨을 앗아가는 것이란 우리 그리스도인을 압도하여 기쁨을 누리지 못하게 하는 어떤 관심거리나 문제를 가리킵니다. 나는 이것을 '기쁨 킬러'라고 부릅니다. 시간을 잡아먹는 '시간 킬러'가 있듯이 기쁨을 잡아먹는 '기쁨 킬러'도 있습니다. 이를 방치하면 믿음이 흔들리고 주님 안에서 누리는 기쁨이 부정적인 영향을 받습니다. 결국 하나님을 추구하기를 멈추게 됩니다. 우리에게서 기쁨을 앗아가는 이른바 '기쁨 킬러'는 아주 많아서 여기에 일일이 다 열거할 수는 없습니다. 삶은 너무도 복잡다단하고 복합적입니다. 집에서 잡동사니들이 여기저기 너저분하게 널려 있으면 상자를 가져다가 한꺼번에 담아 두면 깨끗하게 정리가 되지만 삶의 관심거리나 문제는 그렇게 할 수 없습니다.

우리에게서 주님 안에 있는 기쁨을 앗아 가는 것은 무엇이든

'기쁨 킬러'라 할 수 있습니다. 어떤 일이나 문제에 관심이 사로잡혀 마음의 중심을 차지하게 되면, 그리스도는 중심에서 밀려나게 됩니다. 더 이상 하나님을 신뢰하지 않게 됩니다. 하나님께서 절대주권 가운데 모든 만물과 모든 일을 다스리시고 주관하고 계신다는 사실을 믿지 않게 됩니다. 질서정연하던 우리의 우주는 갑자기 질서가 깨지고 혼돈스럽게 보입니다. 이때 의아해하며 질문을 던지게 됩니다. "하나님이 정말로 선하신가?" "성경에서 말씀하시는 것처럼 하나님이 만일 선하시다면, 왜 이러한 일이 일어나도록 허락하시는가?" 어떤 사건으로 인해 심한 고통이나 큰 상실을 겪을 때 이런 식으로 생각하기가 쉽습니다. 그 결과 지금까지 해 온 영적 습관대로 행하지 않거나 영적 훈련을 중단하고 하나님에 대해 못마땅해하면서 화를 내게 됩니다. 스코틀랜드의 설교가인 앤드류 그레이는 하나님을 기뻐함에 관한 책에서 그 위험성을 이렇게 경고합니다. "시기심과 의심보다 사랑을 꺼 버리는 것은 없습니다. 하나님의 지극히 뛰어난 방법을 잘못 오해하는 것보다 기쁨을 꺼 버리는 것도 없습니다."

하나님께 화를 내는 점에 대해 잠시 살펴봅시다. 최근에 나는 하나님께 화를 낸 욥을 묵상한 적이 있습니다. 욥은 자기가 왜 이런 극심한 고난을 겪는지 그 이유를 하나님께 여쭈어 보며 계속 하나님께 자기 마음을 쏟아 놓았습니다. 인상 깊었던 사실은 그는 고난에 대한 전체 그림을 가지고 있지 않았지만, 자신에게 화를 내거나 자기 연민에 빠져 있지 않았다는 점입니다. 그는 하나님과 씨름하였습니다. 하나님과 얼굴을 맞대고 솔직하게 대화를 했습니다. 하나님으로부터 떠나 곁길로 가거나 딴 길로 가지 않았습니다. 내가 일찍 이 진리를 배웠더라면, 앞에서 말한 그 힘들었던 고통의 시기를 잘 이겨 나갔을 텐데 아쉽기만 합니다. 어쩌면 그런 침체기를 겪지 않았을지도 모릅니다. 하지만 하나님께서는 자비 가운데 그것을 허락하셨다고 믿습니다. 그때의 고통스런 경험을 통해 하나님께서 가르쳐 주시는 귀한 교훈을 배우게 되어 얼마나 감사한지 모릅니다.

하나님과의 친밀함을 계속 우선순위에 둠

이 장을 시작하면서 말씀드렸듯이, 우리 영혼 속에는 두 개의 중요한 열망이 있습니다. 하나는 영향력을 추구하는 열망인데, 솔로몬이 대표적으로 보여 줍니다. 그는 하나님께 백성을 잘 다스릴 수 있는 지혜를 구했습니다(열왕기상 3:9). 또 하나의 위대한 열망은 하나님과의 친밀함을 추구하는 열망입니다. 다윗이 그 대표적인 예입니다. "내가 여호와께 청하였던 한 가지 일 곧 그것을 구하리니, 곧 나로 내 생전에 여호와의 집에 거하여 여호와의 아름다움을 앙망하며 그 전에서 사모하게 하실 것이라"(시편 27:4). 이것이 다윗이 평생토록 구한 한 가지 소원이었습니다. 우리가 어떤 열망에 우선순위를 두느냐에 따라 서로 다른 삶의 결과를 낳게 됩니다. 분명한 점은, 진정으로 하나님을 추구하는 사람은 영향력을 추구하는 열망이 자신의 동기를 지배하게 해서는 안 된다는 것입니다.

진정으로 하나님을 추구하는 사람은 하나님과의 친밀함을 추구하는 열망에 우선순위를 둡니다. 하나님께서 그를 만드신 목적이 거기에 있음을 알기 때문입니다. 에베소서 1:4-6에서 그 우선순위를 분명히 보여 줍니다. "곧 창세전에 그리스도 안에서 우리를 택하사 우리로 사랑 안에서 그 앞에 거룩하고 흠이 없게 하시려고 그 기쁘신 뜻대로 우리를 예정하사 예수 그리스도로 말미암아 자기의 아들들이 되게 하셨으니, 이는 그의 사랑하시는 자 안에서 우리에게 거저 주시는 바 그의 은혜의 영광을 찬미하게 하려는 것이라." 하나님과 우리의 관계는 우리가 지음받기 오래전에 이미 정해져 있습니다. 아담이 에덴동산을 돌보는 일을 맡기 전에 이미 계획되었습니다. 아담이 땀 흘리며 땅을 경작하기 오래전에 뜻하신 것입니다.

A. W. 토저는 그 사실을 아주 분명하게 말합니다. "우리는 이 땅에서 첫째로 하나님을 예배하는 예배자가 되어야 합니다. 하나님의 일을 하는 일꾼이 되는 것은 둘째여야 합니다. 우리는 갓 믿은 사람을 데려다 즉시 일꾼을 만들려고 합니다. 하지만 이는 결코 하나님의 의도가 아닙니다. 하나님께서 의도하신 바는, 새신자가 먼저 예배자가 되는 삶을 배우고, 그 후에야 일꾼이 되는 과정을 배워야 한다는 것입니다. 진정한 예배자라야 진정한 일

꾼이 될 수 있습니다. 그럴 때에야 그가 한 일이 영원한 의미를 지니게 됩니다."

다윗은 하나님과의 친밀함을 추구하는 열망에 따라 자기 삶을 정리하고 관리해 나갔습니다. 다윗은 용맹한 군인이요 위대한 왕이었습니다. 할 일 없이 빈둥빈둥 지내는 사람이 아니었습니다. 백성의 지도자로서 할 일이 무척 많았습니다. 하지만 여호와의 전에서 여호와의 아름다움을 앙망하며 주님을 뵙고 주님을 깊이 묵상하는 일에 최고 우선순위를 두었습니다. 자기가 맡은 책임을 회피하지 않았습니다. 또한 많은 일을 성취했습니다. 분명한 사실은 친밀함을 추구하는 열망을 영향력을 추구하는 열망보다 우선순위에 두었다는 점입니다. 이 우선순위로 말미암아 삶 속에서 여유 공간을 확보할 수 있었습니다. 마땅히 해야 할 것을 할 만한 여유 공간입니다. 예수님께서 마태복음 6:33에서 제자들에게 가르쳐 주신 원리와 같다고 할 수 있습니다. "너희는 먼저 그의 나라와 그의 의를 구하라. 그리하면 이 모든 것을 너희에게 더하시리라."

우리는 친밀함보다 영향력에 우선순위를 두려는 경향이 있습니다. 그 이유가 무엇일까요? 한 가지 이유를 들자면, 성취를 통해 자기의 정체성을 입증하려 들기 때문입니다. 하지만 성취를 통해 자신의 중요성과 의미를 찾는다면 바람직하지 않습니다. 우리는 자신이 무엇을 했느냐보다는 자신이 누구인가를 통해서 자신의 존재 가치를 찾는 게 바람직합니다. 자신이 무엇을 하느냐(doing)보다 자신이 누구인가(being)가 더 중요하기 때문입니다. 제임스 휴스턴은 이 사실의 중요성을 다음과 같이 말합니다. "우리는 눈에 보이는 성공이 아니라 열망을 힘입어 살아갑니다. 우리가 성취한 성공은 결코 오래 가지 못합니다. 그러기에 영원히 없어지지 않는 것을 열망합니다.… 무엇을 열망하는가에 따라 삶의 넓이와 통찰력의 깊이가 결정됩니다."

비록 진정으로 하나님을 추구하는 사람일지라도, 때로 열정이 식어 시들해지거나 사라져 버릴 수가 있습니다. 이럴 때 어떻게 해야 다시 회복할 수 있을까요? 몇 단계를 제시하고자 합니다.

(1) 영광의 하나님을 다시 삶의 중심으로 삼으라

하나님을 향한 열정을 회복하는 첫 단계는 하나님을 다시 삶의 중심으로 삼는 것입니다. 하나님께서 삶의 중심이나 초점이 아닐 때, 우리가 가진 에너지는 부차적인 것을 추구하는 데 쓰이게 됩니다. 우리에게 힘을 주기보다는 우리를 고갈시키는 데에 에너지를 허비하게 됩니다. 그 결과 삶과 사역에서 초점이 흐려지고 희미해집니다. 때로는 나아갈 길을 잃게 됩니다. 중요한 관계가 뒤로 밀려나거나 무시됩니다. 이윽고 힘을 다 써 버려 탈진 상태에 이르게 되고 영적 침체가 시작됩니다. 급기야 자아와 육신의 힘이 더 세지고 우리를 지배하게 됩니다.

토머스 켈리는 삶의 단순화에 관한 책에서 우리의 중심을 재설정하는 것과 연관하여 이렇게 말합니다.

삶을 단순화하면 여유와 여백이 생깁니다. 이 여백 너머로 한 소리가 들려옵니다. 속삭이는 소리입니다. 귀 기울여 들어야 들리는 세미한 부름입니다. 뭔가 다가오고 있음을 미리 알려 주는 신호입니다. 그동안 알면서도 무심코 지나쳤던 더 부요한 삶이 다가오는 발자국 소리입니다. 우리는 매일 무거운 짐에 짓눌린 채 미친 듯이 달려가도록 강요받습니다. 속도를 내면 낼수록 내면은 더 불편함을 느낍니다. 이게 아닌데 하는 생각을 하면서 말입니다. 뭔가 다른 삶이 있다는 느낌을 받기 때문입니다. 이렇게 내몰려 달려가는 삶 말고, 훨씬 더 부요하고 깊이 있는 삶이 있음을 직감하기 때문입니다. 서두르지 않아도 되는 삶, 고요와 평화와 능력이 충만한 삶이 있음을 감지하기 때문입니다.

'중심'을 향하여 나아가십시오. 소리의 근원인 '침묵' 속으로 들어가십시오. '삶의 중심'을 발견한 사람들을 보고 알게 된 사실은, 그곳은 삶에서 안달하며 요구하는 온갖 소리가 온전히 통합되고 조화를 이루는 곳이라는 것입니다. 그곳은 '예'뿐 아니라 '아니요'도 확신 있게 말할 수 있는 곳입니다.… 우리의 삶은 본래가 영광의 하나님이 그 중심이 되도록 설계되어 있습니다.

중심되신 하나님으로부터 말미암은 삶은 느긋하고 여유가 있습니다. 평화와 능력이 충만합니다. 단순하고 고요하며 경이로 가득 차 있습니다. 승리의 노래가 울려 퍼집니다. 빛을 사방으로 발산합니다. 거기는 모든 시간이 멈춥니다. 자나 깨나 영원을 향한 갈망에 사로잡혀 있습니다. 하나님이 중심이 된 삶은 늘 새롭고 역동적입니다. 풍랑 속의 제자들처럼 두려워 허둥지둥할 필요가 없습니다. 주님께서 그 배의 키를 잡고 계시기 때문입니다.

(2) 예수님을 향한 사랑을 새롭게 하라

많은 헌신된 제자들이 영적으로 바쁜 삶을 살고 있습니다. 지혜로운 사람은 여러 가지 일로 바쁜 가운데서도 시간을 내어 주님과의 교제에 힘쓸 것입니다. 그런데 그렇게 할지라도 주님과 교제하는 삶이 때로 기계적이 될 수 있습니다. 모든 영적 활동을 빠짐없이 하기는 하지만 주님과의 인격적인 만남이나 감동은 없이 그저 무덤덤하게 습관적으로 할 뿐입니다. 이를 보완하는 한 가지 방법으로, 주기적으로 충분한 시간을 내어 주님과 깊고 친밀한 교제를 갖기 바랍니다. 어떤 이는 정기적으로 하루를 내어 온종일 기도 시간을 갖기도 합니다. 또 어떤 이는 분주한 일상생활에서 떠나 그때그때 구체적인 주제에 초점을 맞춰 주님과 깊이 교제함으로 영적 재충전을 하기도 합니다. 이를 통해 하나님과의 친밀한 관계가 한층 더 강화됩니다. 정기적으로 이런 영적 재충전 시간을 계획하십시오. 어떤 사람은 매년 1월 초에 이런 시간을 가지면서 하나님께서 새해에 자신에게 원하시는 바를 듣습니다. 또는 연말에 이런 시간을 갖기도 합니다. 한 해 동안 어떻게 지내 왔는지에 초점을 맞추어서 한 해를 돌아보면서 감사와 찬양의 시간을 갖기도 하고 다음 해를 계획하기도 합니다.

이런 주기적인 교제의 시간에 어떤 주제를 중심으로 하여 가지는 경우 매번 주제를 달리할 수도 있습니다. 예를 들면, 하나님의 인도하심, 거룩하심, 사랑, 하나님의 뜻을 분별함, 한 해의 평가, 하나님과의 관계 등 주제는 아주 다양합니다. 주된 포인트는 예수님께 초점을 맞추는 것입니다. 하나님께서는 예수 그리스도와 교제하도록 우리를 부르셨습니다. "너희를 불러 그의 아들 예수 그리스도 우리 주로 더불어 교제케 하시는 하나님은 미쁘시도다"(고린도전서 1:9).

우리는 항상 하나님 아버지와 친밀한 사랑 가운데 '아들 모드'로 있어야 합니다. 그런데 하나님과의 관계에서 너무도 자주 '종 모드'로 들어가 오직 사역만을 생각합니다. 나는 한때 이 '종 모드'에 있는 바람에 무서운 결과를 맛본 적이 있습니다. 그것은 일격에 나를 무너뜨렸습니다. 2002년에 있었던 일입니다. 그런 일이 일어난 이유는, 아내와 내가 너무 바빴기 때문이었습니다. 그때 우리는 중국에서 온 유학생을 대상으로 사역을 하고 있었습니다. 그 일은 아주 신나고 흥분되었습니다. 열매도 풍성하였습니다. 우리는 새 신자들을 그리스도의 제자로 삼는 일에 전심전력하였습니다. 날마다 대학 캠퍼스에 나가 그들을 만나 일대일로 양육하였습니다. 중국인 유학생을 대상으로 사역을 하는데 도움이 되도록 중국어 공부도 본격적으로 시작한 상황이었습니다. 그때 내 나이가 55세였습니다! 1년 이상 동안 매일 중국어 수업을 4시간씩 들었고, 게다가 시험공부와 과제까지 감당하기 위해서는 훨씬 더 많은 시간이 필요했습니다. 이 외에도 우리 손길이 필요한 곳이 많았습니다. 그리고 앞에서 얘기했듯이, 두 아들이 모두 십대였습니다. 그들의 민감한 필요도 세심하게 채워 주어야 했습니다. 우리는 수면 부족에 시달렸습니다. 먹는 것도 부실했고, 운동도 부족했습니다. 결국 나는 뇌출혈로 쓰러졌습니다. 이미 고혈압으로 치료를 받고 있을 때였습니다. 곧바로 병원에 입원하였습니다.

입원 둘째 날 아침, 병원 침대에 누워 찬송가를 듣고 있던 중 눈물이 주르르 흘러 내렸습니다. "My Jesus I love Thee, I know Thou art mine"이라는 찬송가였습니다. (역자 주: 우리 찬송가에는 '내 주 되신 주를 참 사랑하고'로 번역되어 있음.) 주님께서는 내게 새롭게 묻고 계셨습니다. "네가 나를 사랑하느냐?" 그날 아침 나는 내 삶을 예수님께 다시 헌신했습니다. "주님, 이전보다 더욱 주님을 사랑하나이다"라고 말씀드렸습니다. 나는 주님의 임재하심을 즐거워하고 주님 안에서 기뻐하였습니다.

병원에 있으면서 나는 지금까지 예수님을 향한 나의 사랑을

'사역과 봉사'라는 활동을 통하여 표현했다는 사실을 깨달았습니다. 하지만 그것은 하나님께서 진정으로 원하신 바가 아니었습니다. 그때 이후로 나는 예수님의 임재하심을 즐기는 것을 배웠습니다. 성경을 읽거나 공부할 때 주님께서 내게 말씀해 주시는 것을 들으려 하고, 주님의 임재하심을 갈망하고 환영하게 되었습니다. 하나님의 말씀 속에서뿐 아니라 내가 하는 모든 것 속에서, 조깅을 할 때나, 조깅하면서 마주치는 온갖 나무와 꽃과 아름다운 하늘 등 모든 것에 대하여 감사드렸습니다. 그때 이후로 지금까지 나에게는 신체적인 힘과 활동에 제한이 생겼습니다. 하지만 하나님께 감사합니다. 그 제한이 오히려 주님을 의지하게 하고, 주님과의 친밀한 동행이 삶의 최우선순위임을 깨우쳐 주기 때문입니다. 항상 예수님과 동행하고 주님을 사랑하도록 상기시켜 줍니다. 그래서 끊임없이 나의 우선순위가 무엇인지를 상기시켜 주는 이 육체적 제한에 대하여 하나님께 진심으로 감사드립니다.

당신은 건강에 위협을 받을 때까지 기다리겠습니까? 지금 바로 예수님을 향한 사랑을 새롭게 하기 바랍니다. 결코 후회하지 않을 것이며 예수님을 만나는 놀라운 날들을 경험하게 됩니다. 사랑으로 새로워져서 얼굴과 얼굴을 맞대고 주님을 만나는, 가슴 벅찬 환희를 누리게 됩니다. 진정으로 하나님을 추구하는 사람은 예수님과의 이 친밀한 교제 시간을 즐거이 최우선순위에 둡니다.

(3) 빈 탱크를 다시 채우라

하나님을 섬길 때 우리는 언제나 우리 안에 있는 영적 저장 탱크에서 끌어다 씁니다. 하지만 쓰기만 하고 다시 채우지 않으면, 탱크는 마침내 바닥을 드러내고 말라 버립니다. 내가 의아하게 생각하는 점은 많은 이들이 섬기느라고 너무 바빠서 자신의 에너지 탱크가 비어 가고 있음을 깨닫지 못한다는 사실입니다. 그동안 탱크가 비어 가고 있다고 경고등이 말없이 깜빡였을 터입니다. 하지만 그 조용히 깜빡이는 빨간 불빛을 알아채지 못하거나 무시하며 살아갑니다. 너무 바빠서 점검할 시간이 없습니다.

우리는 섬길 때나 사역을 할 때 영적으로 아주 고양된 감정을 느낄 때가 있습니다. 하늘을 나는 것만 같고 만사가 형통합니다. 하지만 모든 일이 잘되고 있는 것 같은 이때 경고를 받을 줄 알아야 합니다. 이런 상태가 꼭 모든 게 잘되고 있다는 징조만은 아니기 때문입니다. 나는 이를 여러 번 경험하여 잘 압니다. 기도 가운데 심혈을 기울여 준비한 설교를 영혼에서 우러나오는 목소리로 선포한 후 이런 고양된 상태를 경험하곤 했습니다. 하지만 그것은 단지 내가 나의 가르치는 은사를 잘 사용했다는 의미일 뿐입니다. 내가 전하는 모든 내용은 내 입을 떠나는 순간 옛것이 됩니다.

나는 그 고양된 상태에 계속 머물러 있어서는 안 됩니다. 내

속에 있는 탱크를 다시 채우기 위해 말씀과 기도 안에서 새롭게 은혜를 누리는 시간을 가져야 합니다. 그렇지 않으면 이후 나의 설교는 신선함이 사라지고 타성에 젖어 지루하고 메마르게 됩니다. 듣는 사람들의 영혼에 새로운 도전과 감동을 주지 못하고, 전에 했던 말을 또 하고 또 하게 됩니다. 살다 보면 주위에서 '탈진' 상태에 다다른 주님의 일꾼을 자주 목격합니다. 그들의 에너지 탱크는 바닥이 나서 말라 버린 경우도 있습니다. 여러분과 나도 포함될 수 있습니다.

골로새서의 핵심 주제 중 하나가 예수님의 충만하심입니다. 이 충만하심은 우리의 구원뿐 아니라 영적 성장과 사역에서도 풍성히 누릴 수 있습니다. 주님의 말씀과 주님의 임재로 말미암아 이 부요한 충만 가운데서 날마다 살아가길 기도합니다. 이는 성령의 능력을 힘입을 때 가능합니다.

물론 하나님의 말씀인 성경이 최고의 해결책입니다. 경건한 믿음의 선배들에 대해 쓴 영적 고전을 통해서도 많은 교훈과 도전을 받으며 우리 자신을 부요케 할 수 있습니다. 이런 고전에는 교훈이 아주 풍부해서 읽을 때마다 새로운 사실을 발견하게 되고 또다시 읽게 됩니다. 그들은 진정으로 하나님을 추구하는 사람들이었습니다. 그들은 또 여러분에게도 진정으로 하나님을 추구하는 사람이 되라고 도전과 자극을 주며 격려할 것입니다.

묵상 및 적용

1. '나는 하나님을 기뻐하고 즐거워하는 삶을 살고 있는가?' 평가해 보십시오. 평가 결과 어떻습니까?

2. 영적 훈련 중에서 당신에게 가장 즐거움을 주는 것은 무엇입니까?

3. 하나님을 향한 당신의 열망을 대체해 버릴 수 있는 것은 무엇인지 생각해 보십시오. 여기에는 세속적인 것뿐 아니라 영적인 것도 해당됩니다.

4. 당신의 영적 탱크는 얼마나 차 있습니까? 바닥이 드러나 있습니까? 반쯤 차 있습니까? 아니면 차고 넘칩니까? 그것을 가득 채우기 위하여 무엇을 하겠습니까?

오 하나님, 주님의 선하심을 맛보게 하시니 감사합니다. 주님의 선하심은 만족을 줄 뿐 아니라 더욱 목마르게 합니다. 나의 부족함을 뼈저리게 느끼오니 주님의 은혜가 더욱 필요합니다. 열망 없는 나의 모습이 부끄럽습니다. 오 하나님, 삼위일체 되신 주 하나님, 주님을 간절히 사모하며 또 사모합니다. 주님을 향한 갈망으로 충만하기를 원합니다. 주님을 향한 목마름으로 더욱 목말라합니다. 주님의 영광을 내게 보이소서. 주님께 기도하오니, 진실로 주님을 알게 하소서. 주님의 자비로 내 안에서 사랑의 역사를 새롭게 시작하소서. 내 영혼에게 "나의 사랑, 나의 어여쁜 자야, 일어나서 함께 가자"라고 말씀하소서(아가 2:10,13). 그런 다음 은혜를 베푸사 일어나서 주님을 따르게 하소서. 오랫동안 방황하였던, 이 안개 자욱한 낮은 땅에서 일어나 주님을 따르게 하소서. 예수님의 이름으로 기도드립니다. 아멘.

- A. W. 토저

2

바울의 열정: 그리스도를 본받다

우리 영혼이 이미 하나님을 찾았으면서도
계속 하나님을 추구하는 것은
영혼의 역설적인 사랑입니다.
- A. W. 토저

바울의 열정: 그리스도를 본받다

⁷그러나 무엇이든지 내게 유익하던 것을 내가 그리스도를 위하여 다 해로 여길 뿐더러 ⁸또한 모든 것을 해로 여김은 내 주 그리스도 예수를 아는 지식이 가장 고상함을 인함이라. 내가 그를 위하여 모든 것을 잃어버리고 배설물로 여김은 그리스도를 얻고 ⁹그 안에서 발견되려 함이니, 내가 가진 의는 율법에서 난 것이 아니요 오직 그리스도를 믿음으로 말미암은 것이니 곧 믿음으로 하나님께로서 난 의라. ¹⁰내가 그리스도와 그 부활의 권능과 그 고난에 참예함을 알려 하여 그의 죽으심을 본받아 ¹¹어찌하든지 죽은 자 가운데서 부활에 이르려 하노니, ¹²내가 이미 얻었다 함도 아니요 온전히 이루었다 함도 아니라. 오직 내가 그리스도 예수께 잡힌 바 된 그것을 잡으려고 좇아가노라. ¹³형제들아, 나는 아직 내가 잡은 줄로 여기지 아니하고, 오직 한 일, 즉 뒤에 있는 것은 잊어버리고 앞에 있는 것을 잡으려고, ¹⁴푯대를 향하여 그리스도 예수 안에서 하나님이 위에서 부르신 부름의 상을 위하여 좇아가노라. (빌립보서 3:7-14)

열정이라는 단어가 바울이 쓴 빌립보서 자체에는 나오지 않습니다. 그러나 몇 가지 중요한 영역을 향한 바울의 열정을 쉽게 알아차릴 수 있습니다.

빌립보서 1장에서는, 복음 전파에 대한 열정을 분명히 읽을 수 있습니다. 그는 사람들이 무슨 동기로 복음을 전파하든 다만 복음이 전파된다면 자신이 당하는 모든 것을 감내하고 기꺼이 받아들였습니다. 오히려 자신이 죽어서 그리스도와 함께 있기를 원하였지만, 빌립보 교회가 굳게 세워져서 복음의 진보를 가져오도록 하기 위해 이 세상에 남아 있기를 선택하였습니다.

2장에서는, 예수님의 겸손을 본받으려는 열정을 읽을 수 있습니다. 또한 바울처럼 예수 그리스도를 본받아 이타적이고 희생적인 삶으로 섬긴 디모데와 에바브로디도와 같은 사람들도 볼 수 있습니다.

3장에서는, 그리스도를 알고 그리스도를 본받아 그리스도와 같이 되고자 하는 열정을 볼 수 있습니다.

4장에서는, 빌립보 교회를 향한 사랑과 열정을 읽을 수 있습니다. 빌립보 교회는 바울과 함께 복음을 전파하는 일에 동역자로서 수고하였습니다.

바울의 열정은 그의 삶, 그의 추구, 그의 편지 속에서 면면이 뿜어 나오고 있습니다. 이런 현상은 역사를 통틀어 열정을 가진 사람이라면 동일하게 나타나는 모습입니다. 그들의 행동을 보거나 그들의 말을 들을 때에, 그들에게서 뜨거운 열정을 느낄 뿐만 아니라, 우리의 심장에서도 열정이 솟아오르는 것을 느낍니다.

'열정(passion)'이란 단어에는 두 가지 의미가 있습니다. 첫 번째 의미는 보통 이해하듯이 어떤 것을 향한 '강렬한 욕구나 갈망'입니다. 그것을 생각하면 감정적으로 뜨거워지며 강렬한 추구로 마음이 불타오릅니다.

두 번째로는 나중에 계속 이야기하겠지만 '수난이나 고통'이라는 뜻이 담겨 있습니다. 예수님의 고난에 참여함으로써 예수님과 동일시하려는 바울의 추구 속에 나타납니다.

그리스도를 추구할 때 바울에게는 네 가지 주된 동기가 있었습니다.

1. 과거의 유산을 자세히 헤아려 봄
2. 끊임없이 그리스도를 열망함
3. 아무리 성장하였어도 늘 '거룩한 불만족'을 느낌
4. 한결같이 그리스도를 추구함에 계속 초점을 맞춤

과거의 유산을 자세히 헤아려 봄

빌립보서 3:5-6에서 바울은 자기가 가진 영적 자격 일곱 가지를 열거합니다. 주목할 점은, 처음에 나오는 네 가지는 가족 배경과 연관되어 있는데, 이는 자신이 선택한 것이 아니라 조상으로부터 물려받은 유산입니다. 그는 그 유산이 주는 혜택을 거부하지 않았습니다.

8일 만에 할례를 받음
이스라엘 족속
베냐민 지파
히브리인 중의 히브리인

후반부에 나오는 세 가지는 자신이 선택한 것으로 그는 그것에 대하여 책임이 있었습니다. 자기의 노력에서 나온 것이었기 때문입니다.

율법으로는 바리새인임
열심으로는 교회를 핍박함
율법의 의로는 흠이 없는 자임

분명한 사실은 바울이 자기 과거를 의지하지 않았다는 점입니다. 그것은 그에게 뭔가 의의 혜택을 주어 구원에 이르게 할 만한 그런 것이었습니다. 하지만 그는 분명하게 말했습니다. "하나님의 성령으로 봉사하며 그리스도 예수로 자랑하고 **육체를 신뢰하지 아니하는** 우리가 곧 할례당이라"(빌립보서 3:3). 다른 번역본으로도 읽어 봅시다. "몸의 한 부분을 잘라 낸다고 해서 하나님의 자녀가 되는 게 아닙니다. 우리의 영으로 하나님께 예배를 드려야 하나님의 자녀가 됩니다. 그 예배만이 참할례입니다. 우리 그리스도인이 자랑할 일은 오직 그리스도 예수께서 우리를 위해서 하신 일뿐입니다. 우리가 스스로를 구원할 수 없다는 것은 너무도 잘 알고 있지 않습니까?"(현대어 성경). 바울은 육체를 신뢰하지 아니한다고 했는데, 여기서 '육체'란 모든 인간적 노력, 육체적 혈통, 또는 심지어 영적 혈통, 그리고 율법의 행위로 말미암는 의에 대한 뜨거운 열심을 다 포함합니다(빌립보서 3:5-6 참조).

그런데 그리스도인들을 핍박하려고 다메섹으로 가던 길에서 예기치 않게 그리스도를 만났고, 그때 바울의 세계는 완전히 뒤집혔습니다. 하나님의 의를 얻기 위한 기초로서 그가 이전에 가지고 있던 모든 것을 버렸습니다. 그는 자신의 개인적 예를 들어 말합니다. 순수한 유대 혈통을 가진 전형적인 골수 유대인인 점과 동시에 율법에 대한 지극한 열심은 이제 아무 쓸모가 없었습니다. 사람들이 귀한 자산으로 여겼을 내용을 그는 "해"로 여길 뿐더러 또한 "배설물"로 여겼습니다(빌립보서 3:7-8). 이 단어는 '똥'이나 '쓰레기'로도 번역될 수 있습니다.

이를 보고 많은 이들이, 바울이 자기의 과거 유산뿐 아니라 자기가 열심히 성취한 모든 것을 거부하고 있다고 결론을 짓습니다. 그러나 바울은 자기의 과거를 모조리 거부하고 있는 게 아닙니다. 과거의 어떤 특정한 요소를 거부하고 있습니다. 빌립보서 3장의 문맥을 보면, 자신의 과거 속에서 의를 얻을 수 있는 자격을 거부했음을 알 수 있습니다. 그 의는 오직 하나님의 은혜로 그리스도 안에서만 발견될 수 있는 의였습니다. 그는 이 점을 너무나 잘 알고 있었습니다.

바울이 드러내 놓고 명백히 거부한 것은 자기가 가진 자격이나 자기가 성취한 것 그 자체가 아니었습니다. 의를 얻는 데 있어서 그것이 지닌 '가치'였습니다. 그것은 하나님 앞에서 참된 의를 얻는 데에는 아무 가치가 없었습니다. 오히려 하나님을 추구하는 데에 방해가 되었습니다. 믿기 전 바울에게 그런 일이 일어났고, 육체를 신뢰하였던 바울은 결국 그리스도인들을 박해하게 되었습니다.

디모데후서 1:3을 보면, 바울은 "청결한 양심으로 조상 적부터 섬겨 오는 하나님"을 섬긴 것을 알 수 있습니다. 바울은 그 영적 유산이 자신의 영성에 기여를 했다는 점을 인정했습니다. 다른 말로 하면, 그의 열정은 그에게서 시작된 것이 아니었고, 경건한 조상들 세대에서부터 시작되었습니다. 그들은 청결한 양심으로 하나님을 구하고 섬겼습니다. 로마 총독 벨릭스 앞에서 자신을 변호하면서 바울은 이렇게 주장했습니다. "그러나 이것을 당신께 고백하리이다. 나는 저희가 이단이라 하는 도를 좇아 조상의 하나님을 섬기고 율법과 및 선지자들의 글에 기록된 것을 다 믿으며, 저희의 기다리는 바 하나님께 향한 소망을 나도 가졌으니 곧 의인과 악인의 부활이 있으리라 함이라"(사도행전 24:14-15). 바울은 유대인으로서의 자기 과거와 그리스도 안에 있는 믿음을 완벽하게 이음매 없이 연결시켰습니다.

비슷한 맥락에서 바울은 디모데에게 디모데가 물려받은 영적 유산을 잊지 말라고 상기시켰습니다. "이는 네 속에 거짓이 없는 믿음을 생각함이라. 이 믿음은 먼저 네 외조모 로이스와 네 어머니 유니게 속에 있더니 네 속에도 있는 줄을 확신하노라"(디모데후서 1:5). 바울은 디모데에게, 외할머니에게서 어머니로, 어머니에게서 디모데로 이어져 내려오는 영적 유산을 생각해 보도록 요구했음이 분명합니다. 바울이 처음 디모데를 만났을 때 디모데에 대하여 이렇게 기록되어 있습니다. "바울이 더베와 루스드라에도 이르매 거기 디모데라 하는 제자가 있으니 그 모친은 믿는 유대 여자요 부친은 헬라인이라"(사도행전 16:1). 이로 보아 그의 아버지에 대해서는 정확히 알 수 없으나 어머니는 믿음이 있었음을 말해 줍니다.

그런데 바울은 디모데가 물려받은 영적 유산에 대해 말하면서 자신을 제외시켰습니다. 디모데를 징모하고 성장하도록 돕는 일에 그 누구보다도 핵심적인 영향을 주었음에도 불구하고 왜 그랬을까요? 이는 그가 지극히 겸손해서라고 생각합니다. 반면에 나는 다른 사람의 영적 성장에 조금이라도 영향을 주었을 때면 그것을 재빨리 나의 공으로 돌리려는 모습이 얼마나 많은지 모릅니다. 바울과는 너무나 다릅니다!

과거 유산 중 어떤 것은 우리의 관심을 그리스도를 추구하는 데서 벗어나 딴 데로 쏠리게 합니다. 예를 들어, 아내는 '하나님' 하면 무서운 이미지가 무의식 속에 오래도록 남아 있었습니다. 그 이미지는 그리스도를 믿기 전 섬기던 신들의 무서운 이미지로부터 형성된 것이었습니다. 이는 아내가 하나님을 깊이 알아가는 데에 방해와 지장을 주었습니다. 그리스도를 알게 된 지 수십 년이 지난 후까지도 영향을 주었습니다. 하나님에 대한 잘못된 생각은 오직 성경 말씀을 통하여 하나님이 진실로 누구신가를 분명히 깨달을 때 변화될 수 있습니다.

또한 많은 사람들이 자기 아버지에게서 받은 고통으로 인하여 아버지에 대한 부정적인 이미지를 가지고 있습니다. 이런 부정적인 아버지상은 그들이 하나님을 아버지로서 받아들이는 데에 많은 장애가 되고 있습니다. 이런 사람들은 성경을 통해 사랑이 무궁하신 하나님 아버지에 대한 말씀을 알고 확신함으로써 하나님 아버지에 대한 부정적 이미지를 바꾸어 나갈 수 있습니다.

그리고 우리 중에는 부모님보다 먼저 그리스도께 나아온 사람들도 많이 있습니다. 이런 경우에는 물려받은 영적 유산이 없습니다. 하나님께서 우리에게 영적 목자들을 주시는 이유가 바로 여기에 있습니다. 그들을 통하여 우리는 풍부한 영적 유산을 물려받을 수 있습니다. 여러 영적 지도자들과 친구들이 우리가 예수님을 계속 추구하는 삶을 살도록 독려하는 데 많은 영향을 미칩니다.

아내의 경우에는 주일학교 여선생님 영향을 많이 받았습니다. 그분은 스위스에서 선교사로 싱가포르에 와서 섬기던 아주 경건한 분이었습니다. 하나님을 향한 열정과 그리스도인의 삶에서 아내의 모델이었습니다. 아내는 또한 영적 고전을 통해 많은 영향을 받았고 그것은 아내의 영적 성장에 큰 기여를 했습니다.

나에게는 네비게이토 선교사들을 통해 물려받은 영적 유산이 많습니다. 한 선교사는 주일학교 선생님이었는데 나를 그리스도의 제자로 삼으신 분이었습니다. 그는 내게 그리스도인의 기본적인 삶을 가르쳐 주었는데, 그를 통해 경건의 시간, 성경 암송, 기도, 성경공부, 증거 등을 배웠습니다. 그때 나는 믿은 지 1년밖에 안 된 초신자였습니다. 이 외에도 여러 선교사들이 나를 도와주었습니다. 그들과 함께 생활하면서 그리스도인으로서의 성품이 많이 계발되었습니다. 그리고 더욱더 그리스도께 헌신하도록 도전과 격려를 받았습니다.

우리 부부는 또한 워렌 마이어즈 선교사 부부와 함께하는 은혜를 누렸습니다. 그들은 여러 영역에서 우리를 도와주었습니다. 그들을 통해 하나님의 말씀을 묵상하는 법을 배웠으며, 친밀하고 깊이 있는 기도 생활을 배웠고, 또 남편과 아내로서의 관계에서 어떻게 해야 하는지도 배웠습니다. 간단히 말하면, 그들은 우리의 영적 부모였고, 우리는 그들의 영적 자녀였습니다. 그들은 수십 년 동안 우리를 위하여 매일 기도했습니다. 우리가 알기로 그들이 이 땅을 떠나 주님께로 가는 그 마지막 날까지도 우리를 위해 기도하였습니다. 얼마나 놀라운 특권이었는지 모릅니다!

이 경건한 믿음의 사람들이 물려준 유산은 이루 다 헤아릴 수가 없습니다. 그들이 쏟아부어 준 사랑과 섬김이 없었다면, 아마 오늘의 우리가 되지 못했을 것입니다. 그들에게도 부족한 점이 있었으나 훨씬 더 중요한 것은 우리에게 귀한 보물을 전해 주었다는 사실입니다. 예수님을 사랑하고 하나님의 말씀을 사랑하는 삶을 전해 주었습니다. 전심으로 하나님을 섬기고 순종하는 삶을 전해 주었습니다. 또한 다른 사람들의 삶에 우리 삶을 쏟아붓도록 격려해 주었습니다. 우리가 도운 사람들이 주님을 사랑하고 나아가 그 사랑이 우리보다 훨씬 뛰어넘게 되는 것이 우리의 최대 기쁨이 아닐까요? 어떤 이들은 정말로 그렇게 되었습니다! 얼마나 기쁘고 감사한지 모릅니다.

끊임없이 그리스도를 열망함

사도 바울은 빌립보서 3:8-10에서 세 가지 어구를 사용하여 그리스도를 추구하는 자신의 열정을 표현했습니다. 첫째는 '그리스도를 앎'이요, 둘째는 '그리스도를 얻음'이요, 셋째는 '그리스도를 본받음'입니다. 이 세 가지는 하나가 끝나면 또 하나가 시작되는 것과 같은 별개의 것이 아니라 서로 긴밀하게 연관되어 있습니다. 평생 동안 그리스도를 알아 가는 것이 바울의 근본적인 동기와 열정이었고, 그는 예수 그리스도의 은혜와 주님을 아는 지식에서 끊임없이 성장해 갔습니다.

그리스도를 앎

바울이 회심하기 전 사울이던 시절, 그는 이 성 저 성으로 쫓아가서 그리스도를 따르는 자들을 핍박했습니다. 스데반의 죽음에는 직접 가담하기까지 했습니다(사도행전 8:1). 예수님을 믿는 사람들에 대한 사울의 적대적 행동은 멈추지 않고 계속되었습니다. "사울이 주의 제자들을 대하여 여전히 위협과 살기가 등등하여 대제사장에게 가서 다메섹 여러 회당에 갈 공문을 청하니, 이는 만일 그 도를 좇는 사람을 만나면 무론 남녀하고 결박하여 예루살렘으로 잡아 오려 함이라"(사도행전 9:1-2).

사도행전 9장을 보면, 사울은 다메섹으로 가는 도중에 갑자기 가던 길을 멈추었습니다. 부활하신 그리스도를 만난 것입니다. 갑자기 눈부신 빛이 사울을 둘러 비추었습니다. 사울은 눈이 멀어 아무것도 볼 수 없었습니다. 그때 한 음성이 들렸습니다. "사울아, 사울아, 네가 어찌하여 나를 핍박하느냐?" 이에 사울은 "주여, 뉘시오니이까?" 하고 물었습니다. 이 질문은 사울이 한 근본적인 질문 두 가지 중 첫 번째였습니다. 사도행전 22장에 보면 두 가지 질문을 한 것으로 나옵니다. "주여, 뉘시니이까?"와 "주여, 무엇을 하리이까?"였습니다(8,10절). 예수님께서는 사울에게 "나는 네가 핍박하는 예수라" 하고 말씀해 주셨습니다.

이처럼 예수님께서는 다메섹으로 가는 길에서 사울에게 자신을 나타내 주셨고, 그 순간부터 그리스도를 깊이 알리는 바울의 영적 여행이 시작되었습니다. 사울은 3일 동안 앞을 보지 못한 채 먹지도 마시지도 않았습니다. 그렇게 3일을 기다리는 동안 주님께서 아나니아에게 환상 가운데 나타나 말씀하셨습니다. "일어나 직가라 하는 거리로 가서 유다 집에서 다소 사람 사울이라 하는 자를 찾으라. 저가 기도하는 중이다. 저가 아나니아라 하는 사람이 들어와서 자기에게 안수하여 다시 보게 하는 것을 보았느니라"(사도행전 9:11-12). 여기에 보면 "저가 기도하는 중이다"라고 했습니다. 이처럼 회심 직후부터 바울은 아주 열심히 예수님을 추구하는 삶을 살았습니다.

갈라디아서 1:17에 따르면 바울은 즉시 아라비아로 갔습니다.

목적은 말하지 않았으나 갈라디아서 1장의 맥락에 비춰 볼 때 분명 예수님을 더 깊이 알려는 것이었습니다. 다른 사도들로부터 아무것도 전해 받지 않았습니다. 과거에 자신이 그토록 반대했던 예수님이 이제는 목숨 걸고 전파하는 분이 되었습니다. 자신이 그토록 미워했던 그 이름이 가장 존귀한 이름이 되었습니다. 그 이름은 모든 무릎이 꿇고 절할 이름입니다. 바울은 아라비아로 갔다가 다시 다메섹으로 돌아갔습니다. 그는 3년이 지나서야 다른 사도들과 접촉하였습니다. 예수님에 대한 그의 지식은 자신이 직접 체험한 것이었습니다. 그 3년 동안 개인적으로 예수님을 깊이 추구하고 알아 나갔습니다. 예수님과 동행한 그 3년이 사도들이 예수님과 함께했던 3년간과 동등한 자격을 그에게 주었을 것입니다. 사도들은 예수님이 누구신가에 대한 그의 지식을 점검했고, 마침내 그의 정통성과 사도직을 인정하였습니다. 틀림없이 구약성경에 대한 깊은 지식이 그가 명료하게 예수님을 이해하도록 도와주었을 것입니다. 그 밖에도 우리가 분명히 볼 수 있는 사실은, 그는 그리스도를 뜨겁게 사랑했고, 그 사랑이 그가 새로 발견한 주님이시요 구세주이신 예수 그리스도를 알려는 열정에 기름을 부었다는 것입니다.

바울은 이처럼 그리스도를 친밀하게 아는 일에 열정적으로 힘썼을 뿐만 아니라, 그리스도를 깊이 아는 일에 최고의 '가치'를 두었습니다. 그는 그 가치에 대해 이렇게 말했습니다. "그러나 내게 유익하던 그 모든 것을 나는 그리스도를 위해 다 버렸습니다.

더구나 내가 모든 것을 잃어버린 것처럼 여기는 것은 내 주 그리스도 예수님을 아는 지식이 훨씬 더 가치가 있기 때문입니다. 나는 그리스도를 위해 모든 것을 잃어버렸습니다. 내가 그 모든 것을 쓰레기처럼 여기는 것은 그리스도를 얻고 그분과 완전히 하나가 되기 위한 것입니다.…"(빌립보서 3:7-9, 현대인의 성경).

그리스도를 얻음

구원을 받은 시점에 나는 예수님을 얼마나 많이 알고 있었을까요? 내 기억으로는, 예수님에 대하여 거의 몰랐습니다. 내가 예수 그리스도에 대하여 아는 것이라곤 어느 그리스도인 모임에서 20분 정도 들은 복음 메시지에 담겨 있는 게 전부였습니다. 하지만 내가 구원받는 데는 그 정도로도 충분했습니다. 하나님께서 그 메시지를 통해 내 마음에 말씀하셨습니다. 그러나 그 자리에서 곧바로 예수님을 영접하지는 않았습니다. 예수 그리스도를 나의 주님과 구주로 믿고 시인하려고 할 때 믿지 않는 부모님이 반대하시면 어쩌나 하는 두려운 마음이 들었기 때문입니다. 나는 이 문제와 씨름했습니다.

그러다 그 모임에 두 번째로 참석했을 때 마침내 로마서 10장 말씀을 통해 예수님을 영접하기로 결단을 내렸습니다. "네가 만일 네 입으로 예수를 주로 시인하며 또 하나님께서 그를 죽은 자 가운데서 살리신 것을 네 마음에 믿으면 구원을 얻으리니,

사람이 마음으로 믿어 의에 이르고 입으로 시인하여 구원에 이르느니라.… 누구든지 주의 이름을 부르는 자는 구원을 얻으리라"(로마서 10:9-10,13). 나는 진심으로 예수님을 마음에 모셔 들였습니다. 주님의 이름을 불렀고 구원을 얻었습니다.

그리스도를 얻는다고 하는 것은 그리스도를 더욱더 개인적으로 친밀하게 아는 데서 진보한다는 말입니다. 그것은 단지 회심할 때 그리스도를 주님과 구주로 시인하는 면만을 의미하는 것이 아니라, 믿은 이후에도 계속적으로 예수님을 추구하는 것입니다. 그리하여 그리스도와의 개인적 친밀함에서 자라고, 전 생애에 걸쳐서 그분을 내 것으로 삼는 것입니다. 그리스도를 얻는 것은 회심할 때 시작되어, 점차 그리스도인의 삶의 모든 영역으로 확장됩니다. 거기에는 우리의 성화와 섬김이 포함됩니다. 그리스도를 알고자 하는 열정이 평생 동안 계속되어야 하듯이 그리스도를 얻고자 하는 열정 또한 평생 지속되어야 합니다. 이를 통해 그리스도인의 일상생활, 인간관계, 영적인 삶, 삶의 목적과 목표 등 모든 영역에서 그리스도는 더욱더 눈으로 볼 수 있는 실체가 됩니다.

이것이 우리와 바울의 다른 점이 아닐까요? 바울은 그리스도를 알게 된 후 계속 그리스도를 얻는 일에 자신을 드렸고, 자신을 통하여 계속 그리스도를 증거하였습니다. 우리는 어떻습니까? 그리스도를 얻고 있습니까? 그리스도를 증거하고 있습니까?

J. C. 라일(1816-1900)은 기도에 관한 책에서 두 그룹의 그리스도인을 이야기했습니다. 한 그룹은 회심 이후 거의 자라지 않는 사람들입니다.

주님의 사람들 중에는 회심할 때의 상태에서 조금도 더 나아가지 않는 사람들이 있습니다. 거듭났지만 평생 갓난아기로 머물러 있습니다. 사람들이 그들로부터 듣는 영적 삶의 경험은 늘 똑같습니다. 사람들은 그들 속에 영적 식욕이 없음을 금방 알아차립니다. 자신이 정한 울타리 너머의 것에는 더 이상 관심이 없습니다. 10년 전이나 지금이나 다를 바가 없습니다. 그들도 분명 천성을 향하여 나아가는 순례자들이긴 합니다. 그러나 그들의 떡은 항상 말라 있고 곰팡이가 났으며, 신발도 닳고 낡아 항상 너덜너덜하고, 옷은 해지고 찢어져 항상 누덕누덕합니다. 나는 지금 깊은 슬픔과 애통의 심정으로 말하고 있습니다. 그리고 모든 그리스도인들에게 묻습니다. 이게 사실이 아닌가 하고 말입니다.

그러나 또 다른 그룹의 사람들이 있습니다. 그들은 주님과의 관계에서 아주 푸르고 싱싱하며 살아 있습니다. 생명과 활기가 넘칩니다. 항상 하나님의 말씀에 굶주려 있어 배가 고픕니다. 그들의 믿음은 전파력이 강하여 다른 사람들에게로 잘 옮겨집니다. 각계각층의 만나는 모든 사람에게 그리스도를 나눕니다. 또한 마음이 열려 있어서 잘 받아들이고 영적 식욕이 왕성합니다. 따라서 삶이 깊이가 있고 성숙되어 있습니다. 웅장한 나무처럼 우뚝 서 있습니다. 온갖 대중적 사상과 유행의 바람이 불어닥쳐 와 때로 교회를 휩쓸 때에도 견고하여 흔들리지 않습니다. 그들이 만나는 사람들의 삶 속에 깊고도 영구한 변화를 만들어 냅니다. 그들의 믿음은 깊이가 있고 질적으로 성숙한 점이 특징입니다. 가장 분명한 마크는 그들 속에서 나타나는 그리스도의 성품이라는 마크입니다. 그들은 진실로 그리스도를 얻은 사람입니다.

그리스도를 본받음

앞에서 열정의 첫 번째 의미로 어떤 것을 향한 강렬한 욕구나 갈망을 언급했습니다. 열정의 두 번째 의미는 라틴어 '파티오르(patior)'에서 나왔는데, 고난, 수난, 고통을 의미합니다. 즉, 바울의 불타는 열망은 그리스도를 본받아 그리스도와 같이 되는 것이었습니다. 그리스도께서 이 땅에 사시는 동안 보여 주셨던 성품을 간절히 닮기 원하였습니다. 그러나 이것이 전부는 아닙니다. 바울의 열망은 그리스도의 고난에 참여하며 주님의 죽으심까지 본받는 것이었습니다. "내가 그리스도와 그 부활의 권능과 그 고난에 참예함을 알려 하여 그의 죽으심을 본받아 어찌하든지 죽은 자 가운데서 부활에 이르려 하노니"(빌립보서 3:10-11). 진실로 우리가 그리스도를 본받기 위해서는 바울처럼 기꺼이 고난에 참여해야만 합니다. 고난을 껴안아야만 합니다. 그리스도의 죽으심을 본받는다는 것은 그리스도와 같이 죽는 것입니다.

예수님과 같이 된다는 것은 거울 속에 비치는 상처럼 되는 것입니다. 예수님 자신이 그러셨습니다. 예수님은 하나님 본체의 형상이셨습니다(히브리서 1:3). 니콜라스 월터스토프는 자신의 장성한 아들을 잃은 고난을 묵상하면서 이렇게 묻습니다. "우리는 어떻게 하나님을 거울처럼 비추는가?" 그는 여러 가지 전통적인 대답을 제시합니다. 이를테면, 사랑, 공의, 사회성, 창조성 등 모든 선한 것입니다. 그는 여기에 한 가지 새롭고 신선한 관점을 더합니다. "그 한 가지 대답은, 드물기는 하지만 우리의 고난 속에서입니다. 어쩌면 그렇게 생각을 하면 너무도 두렵고 소름이 돋습니다. 우리는 고난 속에서 하나님을 비추고 있습니까? 고난 속에서 훨씬 더 가깝게 그분을 비추고 있습니까? 우리가 고난의 아이콘이 되고 있습니까? 고난당하는 것이 우리의 영광입니까?"

이 생각을 좀 더 확장시키면, 우리는 고난을 당하기 전까지는 그리스도와 같이 될 수 없다고 할 수 있습니다. 우리가 당하는 고난은 그 고통이 아무리 극심하여도 결단코 십자가 위에 달리신 그리스도의 고난과 같을 수는 없습니다. 우리의 고난이 크면 클수록 그리스도께로 가까이 갈 수 있는 기회도 더 커집니다. 우리가 어떤 이의 고난에 참여하여 그 속에 들어가지 않으면, 그 사람과 같이 되는 것은 고사하고 결코 그 사람을 알지 못합니다. 그 사람의 영혼 가장 깊은 곳은 잘 모릅니다. 우리는 그 사람에게 낯선 사람이 됩니다. 그들의 고통과 슬픔이 크고 깊을 때는 더더욱 그렇습니다. 예수님은 사람들의 고통과 슬픔을 잘 아셨고 몸소 경험하셨습니다. "그는 멸시를 받아서 사람에게 싫어 버린 바 되었으며 간고를 많이 겪었으며 질고를 아는 자라. 마치 사람들에게 얼굴을 가리우고 보지 않음을 받는 자 같아서 멸시를 당하였고 우리도 그를 귀히 여기지 아니하였도다"(이사야 53:3). 바울은 그리스도의 고난을 잘 알고 싶어 했습니다. 세상 죄를 짊어지신 그리스도와 동일시하는 것이 무엇인지를 알고 싶었습니다. 그리스도를 본받고자 하는 이 열정이 마침내 바울로 하여금 그 당시 복음이 미치지 않은 사람들과 세계에 열정적으로 복음을 전파하게 하였습니다.

이 열정적인 열망이 이른바 프란체스코의 기도로 알려진 기도문 속에 울려 퍼지고 있습니다.

나의 주 예수님,
두 가지 은혜를 간구하옵나니
죽기 전에 주시옵소서.

첫째는 이것이니
연한 순 같은 주님께서
그토록 극심한 고난의 시간에 겪으신 그 슬픔을
나의 평생에
나의 영혼 속에서
나의 육체 속에서

느끼게 하옵소서.

둘째는 이것이니
하나님의 아들이신 주님께서
우리 죄인들을 구원하시려고
그 고통스러운 고난을 기꺼이 받으신
그 강렬하고도 한없는 사랑을
나의 심령 속에서
느끼게 하옵소서.

아무리 성장하였어도 늘 '거룩한 불만족'을 느낌

여기서 '불만족'이란 현 상태에 만족하거나 즐거워하지 않는 것입니다. 바울은 자신의 육체적 생명과 물질적 필요의 영역에서는 항상 만족하였고, 또 만족하도록 성도들에게 가르쳤습니다. "내가 궁핍하므로 말하는 것이 아니라 어떠한 형편에든지 내가 자족하기를 배웠노니, 내가 비천에 처할 줄도 알고 풍부에 처할 줄도 알아 모든 일에 배부르며 배고픔과 풍부와 궁핍에도 일체의 비결을 배웠노라"(빌립보서 4:11-12). 하지만 영적 성장과 진보에 있어서는 결코 현 상태에 만족하지 않았습니다. 그리스도를 추구함에서 자신이 아무리 성장했다 하더라도 평생토록 항상 그리스도를 얻으려고 더욱더 힘쓰고 애썼습니다. 빌립보서

3:12-14에서, 바울은 일곱 가지를 말했는데, 이를 통해 이 '거룩한 불만족'이 무엇을 의미하는지 알 수 있습니다.

내가 이미 얻었다 함도 아니요 온전히 이루었다 함도 아니라. 오직 내가 그리스도 예수께 잡힌 바 된 그것을 잡으려고 좇아가노라. 형제들아, 나는 아직 내가 잡은 줄로 여기지 아니하고, 오직 한 일, 즉 뒤에 있는 것은 잊어버리고 앞에 있는 것을 잡으려고, 푯대를 향하여 그리스도 예수 안에서 하나님이 위에서 부르신 부름의 상을 위하여 좇아가노라.

빌립보서 3:12
  1) 내가 이미 얻었다 함도 아니요
  2) 온전히 이루었다 함도 아니라
  3) 오직 내가 그리스도 예수께 잡힌 바 된 그것을 잡으려고 좇아가노라

빌립보서 3:13
  4) 나는 아직 내가 잡은 줄로 여기지 아니하고
  5) 뒤에 있는 것은 잊어버리고
  6) 앞에 있는 것을 잡으려고

빌립보서 3:14
  7) 푯대를 향하여… 좇아가노라

사도 바울이 그리스도를 추구하는 것을 보면 나와는 너무도 다릅니다. 나는 아주 작은 진보만 이루어도 쉽게 만족하곤 했습니다. 심지어 그런 것조차 '추구'라고 부를 수 있을지 모르겠지만 말입니다. 나는 조그만 진보에도 '와! 나도 성장했군!' 이렇게 생각하고 자기만족에 빠졌습니다. 그다음에는 한동안 열심히 하지 않고 느슨해졌습니다. 그러다가 열망 자체가 차츰 사그라지더니 어느 틈에 사라져 버리기도 했습니다. 이러한 상태를 법칙으로 표현한다면, '영적 열망 감소의 법칙'이라 이름 붙일 수도 있겠습니다.

이와 대조적으로 바울의 추구는 '영적 열망 증가의 법칙'이라 할 수 있습니다. 이렇게 계속 타오르는 열망으로 푯대를 향하여 나아간다는 게 얼마나 놀라운지 모릅니다! 그리스도를 향한 바울의 열망은 세월이 갈수록 더욱더 커져 갔습니다. 그 최후의 만족은 우리 주 예수님과 얼굴을 맞댈 때 경험하게 될 것입니다.

이 '거룩한 불만족'을 가진 사람들의 특징은 무엇일까요? 몇 가지를 들면 다음과 같습니다.

1. 이 거룩한 불만족을 가진 사람들은 결코 "나는 이미 얻었다"라거나 "나는 온전히 이루었다"라고 하지 않습니다. "나는 성장했다!"라고 말할 수는 있으나, "나는 다 이루었다"라고는 하지 않습니다. 현실에 안주하여 자기만족에 빠지지 않습니다. A. W. 토

저는 이렇게 말했습니다. "안주하는 삶과 자기만족은 모든 영적 성장에 치명적인 독입니다."

2. 하나님과 동행하는 삶이 일시적으로 정체되어 있는 것 같을 때 그냥 만족하고 넘어가지 않습니다. 주기적으로 하나님과의 관계를 되돌아보며 점검합니다. 그리고 하나님과의 관계가 살아 움직이는지 그렇지 않은지를 민감하게 알아차립니다.

3. 그들은 영적 성장을 양적으로 측정하기보다는 주님과의 친밀함이나 열망으로 측정합니다. 예를 들어, 그리스도를 알고, 그리스도를 얻고, 그리스도와 같이 되는 것 등등. 그들의 관심사는 그리스도와의 친밀한 관계에 있습니다. 활동 자체보다는 친밀함과 사랑의 관점에서 바라보고 평가합니다.

반면에 내가 사용하는 영적 성장의 지표를 보면 대부분이 양적인 경향이 있습니다. 이를테면, 한 해 동안 읽은 성경의 장 수, 성경공부한 장 수, 암송한 구절 수, 경건의 시간을 지속적으로 가진 기간 등. 이런 지표들이 중요한 평가 기준이 되기는 하지만, 그 자체가 질적인 성장을 보여 주는 것은 아닙니다. 평생 그리스도를 힘써 추구한 바울의 영적 진보는 양적으로 나타낼 수 있는 것이 아닙니다. 그것은 그리스도와의 동일시, 그리스도와의 친밀함, 그리스도의 고난에 참여함과 같은 질적인 것입니다.

4. 그들에게는 겸손의 표시가 있으며, 초점이 자신보다 그리스도께 있습니다.

5. 그들은 그리스도를 닮는 면에서 성장하는 데에 아주 단호하고 결연합니다. 그러한 결의는 한 가지 일에 전심전력하는 것으로 표현됩니다. 이것은 중요한 의미가 있는 특별한 것이어서 다음 단락에서 별도로 다루겠습니다.

한결같이 그리스도를 추구함에 계속 초점을 맞춤

각 사람마다 자신이 하고 싶은 게 있고 이루고자 하는 꿈이 있습니다. 이를 위해 포부도 크고 야무지게 갖습니다. 마음과 태도도 사뭇 진지합니다. 매년 새해에 하는 놀라운 결심들을 생각해 보십시오. 이 꿈을 이루기 위해 거창한 계획을 세우지만 대개는 1월이 시작된 지 몇 날이 못 되어 흐지부지됩니다. 큰 목표를 세우기도 하지만 너무도 자주 곁길로 벗어나 목표를 포기합니다. 아니면 우연히 다른 큰 목표를 만나게 되어 원래의 목표를 대체합니다. 우리가 이러한 목표들을 쉽게 포기한다면, 예수 그리스도를 추구하는 가장 큰 목표에 대해서는 얼마나 잘해 나갈까요?

바울의 추구에서 중요한 의미가 있는 점은 그는 단 하나에 초점을 두었다는 사실입니다. 그는 이렇게 말합니다. "형제들아, 나는 아직 내가 잡은 줄로 여기지 아니하고, 오직 한 일, 즉 뒤에 있는 것은 잊어버리고 앞에 있는 것을 잡으려고, 푯대를 향하여 그리스도 예수 안에서 하나님이 위에서 부르신 부름의 상을 위하여 좇아가노라"(빌립보서 3:13-14). 다른 번역본으로도 읽어 봅시다. "형제 여러분, 나는 그것을 이미 얻었다고 생각하지 않습니다. 그러나 한 가지 일만은 분명히 하고 있습니다. 즉 뒤에 있는 것은 잊어버리고 앞에 있는 것을 잡으려고 그리스도 예수님 안에서 하나님이 위에서 나를 부르신 부름의 상을 얻으려고 목표를 향해 달려가고 있습니다"(현대인의 성경). 바울은 그리스도를 추구함을 자기 인생에서 단 하나의 목표로 삼고 끝까지 유지했습니다. 즉 이것이 그의 "오직 한 일"이었습니다. 유일한 한 가지 일이었습니다. 다메섹 근처의 광야 길 위에서 예수님과 처음 만났을 때 예수님께 한 첫 질문이 "주여, 뉘시니이까?"였습니다(사도행전 9:5). 주님, 주님은 누구십니까?

그 질문은 오직 그리스도를 알고자 하는 바울의 평생에 걸친 탐구의 출발점이었습니다. 바울은 이 단 하나의 초점을 끝까지 유지했습니다. 아직 복음이 들어가지 않은 선교지에 복음을 전파할 때도 일관되게 이 초점을 유지했습니다. 소아시아와 유럽에서 사역에 열매가 많을 때에도 이 초점을 잃지 않았습니다. 그는 고린도전서 2:2에서 이렇게 썼습니다. "내가 너희 중에서 예수 그리스도와 그의 십자가에 못 박히신 것 외에는 아무것도 알지 아니하기로 작정하였음이라." 그는 자기 인생에 단 하나의 목표인 그리스도를 아는 것으로부터 그를 곁길로 벗어나게 하는 것은 그 어떤 것도 허락지 않았습니다. 선교지에서의 사역의 성공도, 온갖 문제와 관심사도, 또는 이제 막 태어난 교회의 여러 내부적 갈등조차도 그의 초점을 흐릴 수 없었습니다.

성경의 인물 중에도 이와 비슷하게 '한결같은 마음'을 가진 경건한 사람들이 있습니다. 하나님의 사람 다윗은 시편 27:4의 기도에서 자기의 초점을 다음과 같이 표현했습니다.

> 내가 여호와께 청하였던 한 가지 일
> 곧 그것을 구하리니
> 곧 나로 내 생전에
> 여호와의 집에 거하여
> 여호와의 아름다움을 앙망하며
> 그 전에서 사모하게 하실 것이라.

그는 이 기도에 뒤이어, 하나님의 얼굴을 찾기로 결심합니다. "너희는 내 얼굴을 찾으라 하실 때에, 내 마음이 주께 말하되, '여호와여, 내가 주의 얼굴을 찾으리이다' 하였나이다"(시편 27:8). 이는 시편 27편에서 다윗이 처한 상황을 생각해 볼 때 훨씬 더 우리의 시선을 사로잡습니다. 2-3절에 다윗이 처한 상황이 나와 있습니다. "나의 대적, 나의 원수 된 행악자가 내 살을 먹으려고 내게로 왔다가 실족하여 넘어졌도다. 군대가 나를 대적하여 진 칠지라도…." 다윗의 대적과 원수들이 다윗을 삼키려고 찾고 있는 중이었습니다. 다윗은 자기 주위에 있는 사람들에게도 버림받고 있음을 느꼈습니다. 두려움과 환난과 사망의 그림자가 늘 그 앞에 어른거리고 있었습니다. 하지만 이런 것조차도 간절히 하나님을 찾는 그의 갈망을 단념시킬 수 없었습니다. 이것이 하나님을 향한 그의 한결같은 마음의 초점이요 열망이었습니다.

아삽은 성전에서 섬기는 레위인으로 여러 시편의 저자로 알려져 있는데, 시편 73:25에서 "하늘에서는 주 외에 누가 내게 있으리요? 땅에서는 주밖에 나의 사모할 자 없나이다"라고 고백했습니다. 많은 사람들이 바라는 목표가 부와 건강, 고난 없는 삶입니다. 그러나 아삽은 이러한 것의 결국이 허상일 뿐임을 깨달았습니다. 그래서 자신이 거의 실족할 뻔하고 그 걸음이 미끄러질 뻔했지만 하나님께 대한 그의 초점을 끝까지 지탱하였습니다.

마리아는 올바른 초점을 가지고 있었기에 예수님께 칭찬을 받았습니다. 반면 마르다는 예수님을 잘 대접하려고 음식을 준비한다면서 슬쩍 곁길로 벗어났습니다. 예수님과 함께하는 시간보다 덜커덕거리는 접시 소리와 거한 상차림이 마르다에게는 더 중요한 의미가 있었습니다. 급기야 마리아가 도와주지 않는 것에 대해 예수님께 불평했습니다. 마르다의 불평에 예수님께서는 이렇게 응답하셨습니다. "마르다야, 마르다야. 네가 많은 일로 염려하고 근심하나, 그러나 몇 가지만 하든지 혹 한 가지만이라도 족하니라. 마리아는 이 좋은 편을 택하였으니 빼앗기지 아니하리라"(누가복음 10:41-42). 우리 역시 마르다처럼 쉽게 곁길로 벗어날 수가 있습니다. 그러기에 예수님을 추구할 때 한마음으로 초점을 두는 "한 가지" 일이 필요합니다.

묵상 및 적용

1. 당신의 삶에 영적으로 중요한 영향을 준 사람은 누구입니까?

2. 어떤 영역에서 영향을 주었습니까?

3. 예수님을 따르고자 할 때 '그리스도를 앎', '그리스도를 얻음', '그리스도를 본받음'을 구체적으로 어떻게 적용할 수 있겠습니까?

4. 그리스도를 추구하는 삶을 살고자 할 때 '거룩한 불만족'의 다양한 특징 중 어떤 것이 자신에게 도움이 됩니까?

5. 혹시 현 상태에 만족하여 안주했던 경험이 있습니까? 그때 무슨 일이 일어났습니까? 어떻게 자기만족과 안주에서 벗어나 다시 앞으로 나아가게 되었습니까?

성경을 읽고, 교회에 나가고, 이른바 '큰 죄'를 피하는 것만으로 과연 마음을 다하여 열정적으로 하나님을 사랑한다고 말할 수 있을까요?

- 프랑수와 페늘롱

제 2 부
하나님을 향한 헌신

3

아브라함의 포기:
아들을 드리다

그 사람의 능력이 얼마나 위대한가는
그가 얼마나 굴복하는가에 달려 있습니다.
- 윌리엄 부스

아브라함의 포기: 아들을 드리다

여호와께서 가라사대, "네 아들 네 사랑하는 독자 이삭을 데리고 모리아 땅으로 가서 내가 네게 지시하는 한 산 거기서 그를 번제로 드리라." (창세기 22:2)

12사자가 가라사대, "그 아이에게 네 손을 대지 말라. 아무 일도 그에게 하지 말라. 네가 네 아들 네 독자라도 내게 아끼지 아니하였으니 내가 이제야 네가 하나님을 경외하는 줄을 아노라." 13아브라함이 눈을 들어 살펴본즉 한 숫양이 뒤에 있는데 뿔이 수풀에 걸렸는지라 아브라함이 가서 그 숫양을 가져다가 아들을 대신하여 번제로 드렸더라. 14아브라함이 그 땅 이름을 여호와이레라 하였으므로 오늘까지 사람들이 이르기를 "여호와의 산에서 준비되리라" 하더라. 15여호와의 사자가 하늘에서부터 두 번째 아브라함을 불러 16가라사대, "여호와께서 이르시기를 '내가 나를 가리켜 맹세하노니 네가 이같이 행하여 네 아들 네 독자를 아끼지 아니하였은즉 17내가 네게 큰 복을 주고 네 씨로 크게 성하여 하늘의 별과 같고 바닷가의 모래와 같게 하리니 네 씨가 그 대적의 문을 얻으리라. 18또 네 씨로 말미암아 천하 만민이 복을 얻으리니 이는 네가 나의 말을 준행하였음이니라' 하셨다" 하니라. (창세기 22:13-18)

인간의 마음속에서는 항상 격렬한 싸움이 벌어지고 있습니다. 하지만 대부분은 소리 없이 진행되는 침묵 속의 싸움입니다. 보이지도 않을 뿐더러 심지어 느껴지지도 않습니다. 하나님께서 거기로 우리의 관심을 이끌 때까지는 말입니다. 이는 마음과 영혼의 지배를 두고 벌어지는 싸움입니다. 우리는 날마다 뭔가를 결정합니다. 늘 하는 일상적인 것일 수도 있고 특별한 것일 수도 있습니다. 각각의 결정은 누가 또는 무엇이 우리 마음과 영혼을 진정 지배하고 있는가를 보여 줍니다.

보좌에 앉고 싶어 하는 자들이 있습니다. 그들은 그 보좌가 자기 것이라고 주장합니다. 자기를 왕이라 사칭합니다. 그중 하나가 사탄입니다. 사탄은 자기 하수인들을 통하여 우리를 지배하고 다스리려고 합니다. 죄를 통해 역사하여 우리를 노예로 삼습니다. 그는 지금 불순종하는 자들 속에서 역사하고 있습니다. 세상과 그 시스템은 그의 통치 아래 있습니다. 그는 세상을 이용하여 우리와 하나님과의 관계를 파괴합니다.

또 하나 거짓으로 왕을 사칭하는 자는 '자아'입니다. 자아는 자꾸만 자기 왕국을 확장시킵니다. 사람의 영혼을 지배하여 오로지 자기 영광을 구합니다. 자아가 아주 강하게 자기 왕권을 주장하는 때인 마지막 날에 대하여 사도 바울은 이렇게 경고합니다. "네가 이것을 알라. 말세에 고통하는 때가 이르리니, 사람들은 자기를 사랑하며 돈을 사랑하며 자긍하며 교만하며 훼방하며 부모를 거역하며 감사치 아니하며 거룩하지 아니하며 무정하며 원통함을 풀지 아니하며 참소하며 절제하지 못하며 사나우며 선한 것을 좋아 아니하며 배반하여 팔며 조급하며 자고하며 쾌락을 사랑하기를 하나님 사랑하는 것보다 더하며 경건의 모양은 있으나 경건의 능력은 부인하는 자니, 이 같은 자들에게서 네가 돌아서라"(디모데후서 3:1-5).

A. W. 토저는 "하나님을 추구함"이란 책에서 '자아의 죄'에 대하여 이렇게 말합니다. "자아의 죄란 이를 테면 자기 의, 자기 연민, 자기 확신, 자기 만족, 자기 자랑, 자기 사랑 같은 것입니다. 이 외에도 많이 있습니다.… 자아는 우리에게서 하나님의 얼굴을 불투명한 베일로 감추어 버립니다. 그 베일은 오직 순종하는 실천으로만 제거될 수 있습니다. 단순히 머릿속의 지식만으로는 안 됩니다.… 베일을 제거하려면 십자가로 나아가야 합니다. 십자가는 능히 그 베일을 제거할 수 있습니다. 자아의 죄들을 십자가로 가지고 가서 못 박아야 합니다."

자아의 죄를 열거한 목록을 보면 그 종류가 많기는 하지만, 모두가 다 우리에게 동일한 영향을 미치는 것은 아닙니다. 자아는 본질적으로 육신적인데, 어떤 대상 쪽으로 '굽는' 성질이 있습니다. 그 대상이 어떤 형태의 죄일 수도 있고, 관계일 수도 있고, 또는 애정의 대상일 수도 있습니다. 아무튼 그 대상 쪽으로 끌리는 성질이 있습니다. 우리는 이러한 애정의 대상에 대해 애착을 갖

곧 합니다. 이 애정의 대상에 대하여 애착을 갖는다고 해서 그것이 항상 해롭거나 금지된 것만은 아닙니다. 그럼에도 불구하고 애착 관계가 형성되고 나면, 마침내 결과적으로는 우리 마음과 영혼을 지배하게 됩니다. 그 예를 아브라함이 이삭을 제물로 드리라는 시험을 받는 데서 찾아볼 수 있습니다.

이 시험에서 핵심은 아브라함이 이삭에 대하여 갖고 있던 강렬한 애착이 우상숭배와 어떻게 서로 맞닿아 있는가 하는 점입니다. 성경 사전에서 우상숭배의 정의를 보면, 어떤 신이든 그것을 나타내기 위해 만든 형상을 숭배하는 것입니다. 성경은 이 우상숭배를 금합니다. 여기에는 또한 영적 차원이 있음을 알 수 있습니다. 요한일서 5:21에서는 "자녀들아, 너희 자신을 지켜 우상에서 멀리하라"라고 했습니다. 다른 번역본으로도 읽어 봅시다. "사랑하는 자녀들이여, 그러니 여러분의 마음속에 하나님의 자리를 차지한 우상이 있거든 곧 그것을 없애 버리십시오"(현대어성경). 이를 통해 보건대, 우상이란 우리 마음속에서 하나님의 자리를 차지하는 모든 것을 의미한다고 할 수 있습니다.

존 웨슬리는 요한일서 5:21을 본문으로 하여 영적 우상에 관하여 설교를 하면서, 우상숭배를 요한일서 2:15-16에 나오는 세 가지 정욕과 연결시킵니다. 그러나 우상숭배는 꼭 세상 정욕과만 관계되어 있는 것은 아니라고 분명하게 말합니다. 그는 이렇게 말합니다.

우상이란 한마디로, '세상에 있는 모든 것'과 같은 아주 많은 대상입니다. 사람들은 하나님 안에서 행복을 구하는 대신 거기에서 행복을 구합니다. 아주 많은 우상을 마음속에 품고 살아갑니다. 그들은 아주 많은 종류의 우상숭배를 하고 있습니다.

그러면서 무슨 정욕적인 것이 없이 순수하게 사랑한다고 하는 사람들에게도 웨슬리는 묻습니다.

그러면 그들에게는 우상숭배가 없을까요? 혹 창조주보다 피조물을 더 사랑하고 있지는 않습니까? 한 남자 혹은 한 여자를 하나님 자리에 두고 있지는 않습니까? 그들에게 당신의 마음을 온통 주고 있지는 않습니까?… 우리는 얼마나 자주 남편이나 아내나 자녀를 하나님 자리에 두는지 모릅니다. 훌륭한 그리스도인이라고 여겨지는 사람들이 있습니다. 서로를 끔찍이도 사랑할 수 있습니다. 하지만 행여나 서로에 대한 사랑이 상대방에게만 고착되어 그 사이에 하나님께서 들어갈 자리가 없는 경우가 얼마나 많습니까! 그들은 창조주가 아니라 피조물 안에서 자신의 행복을 구합니다. 이것이 바로 우상숭배입니다.

이러한 잣대를 아브라함의 시험에 적용해 보면, 아브라함이 그런 시험을 받은 이유를 생각해 보는 데 훌륭한 통찰력을 얻게 됩니다. 성경 본문에는 아무 이유가 나와 있지 않기 때문입니다. 그 시험을 통과한 결과로 아브라함이 하나님을 경외하는 줄을 알게 되었다는 결론 외에는 다른 이유가 주어져 있지 않습니다. "사자가 가라사대, '그 아이에게 네 손을 대지 말라. 아무 일도 그에게 하지 말라. 네가 네 아들 네 독자라도 내게 아끼지 아니하였으니, **내가 이제야 네가 하나님을 경외하는 줄을 아노라**'"(창세기 22:12).

시 험

오늘날 우리는 아브라함 이야기를 이미 알고 있기에 그게 시험인 줄 알지만, 그 시점에서 아브라함은 몰랐습니다. 욥 이야기도 이와 비슷합니다. 하나님과 사탄, 그리고 독자인 우리는 그 고난의 목적을 알고 있지만, 욥은 몰랐습니다.

시험의 목적은 우리 발을 걸어 넘어뜨리려는 것이 아니라, 우리 내면의 진정한 모습이 어떠한지를 드러내려는 데 있습니다. 학교나 회사 등에서 보는 각종 시험은 그 내용을 얼마나 이해했는지를 보여 줍니다. 시험이 시작되기 전에 패닉 상태를 느끼고 있다면 아직 그 시험에 준비가 되어 있지 않음을 드러냅니다. 시험에 대비가 잘 안 되어 있었다는 것은 대개 안 좋은 점수로 증명됩니다. 이와 같이 아브라함의 시험이든 욥의 시험이든, 야고보서 1:2-3에 나오는 시험이든, 시험은 우리 마음의 내적 상태 혹은 하나님과 우리의 관계를 드러내 줍니다. 그다음에 그 시험

결과를 어떻게 활용하느냐 하는 것은 우리 책임입니다. 우리가 당하는 시험은 우리의 실수를 유도하려는 것이 아니라, 우리가 누구이며 우리가 하나님을 위하여 무엇이 될 수 있는지를 드러내기 위한 하나님의 방법입니다.

아브라함의 시험은 이삭을 번제로 드리는 것이었습니다. 사전에 아무 조짐이 없던 갑작스런 시험이었습니다. 절대적인 굴복을 요구하는 시험일 뿐 아니라 순종을 테스트하는 시험이었습니다. 창세기 22:2에서 여호와 하나님께서 하신 명령을 주목하기 바랍니다.

네 아들, 네 사랑하는 독자 이삭을 데리고 모리아 땅으로 가서 내가 네게 지시하는 한 산 거기서 그를 번제로 드리라.

이 명령을 좀 더 세부적으로 나누어 보면 다음과 같습니다.

"네 아들"
"네 사랑하는"
"독자"
"이삭을"
"데리고… 가서"
"거기서 그를 번제로 드리라"

각각의 말씀 하나하나가 심장을 날카로운 칼로 깊이 도려내는 것과 같았습니다. 그것은 마치 두 번 다시 기억하고 싶지 않은 일을 자꾸 상기시키는 것과도 같았습니다.

"**네 아들**." 이삭은 아브라함이 오랫동안 기다리고 기다렸던 아들이었습니다. 아브라함을 이을 후사 곧 상속자였습니다. 생애 늘그막에 기적적으로 얻은 아들이었습니다. 그때 아브라함은 100세였고, 사라도 나이가 너무 많아 사라의 태가 이미 죽어 아이를 갖는 게 불가능한 상태였습니다.

"**네 사랑하는**." 전혀 놀랄 것도 없이 이삭은 아브라함의 사랑하는 아들이었습니다. 그토록 간절히 기다리다 얻은 아들이었기에 그 소원을 성취했을 때 아버지로서 아들을 사랑하는 것은 타고난 본능이며 당연한 일이기도 합니다. 하지만 더 중요한 것은 이삭이 하나님께서 약속하신 약속의 자녀였기 때문입니다. "땅의 모든 족속이 너를 인하여 복을 얻을 것이니라"라는 우주적 축복이 담긴 약속의 성취였습니다(창세기 12:3 참조). 이 약속은 자손 대대로 물려 줄 유산이었습니다. 따라서 상상의 날개를 펴지 않아도 아브라함이 그 아들을 애지중지하였으리라는 것은 누구나 쉽게 짐작할 수 있습니다. 아브라함이 이토록 이삭을 사랑하였기에 A. W. 토저는 아브라함을 일컬어 '사랑의 노예'라고 했습니다. 틀림없이 다음과 같은 질문이 당연히 생길 수 있습니다. "이삭에 대한 아브라함의 이러한 애착이 그의 마음속에서 하나님 자리를 빼앗기 시작하고 있었을까?" 그 차이란 아주 작고 미묘합니다. 부모로서의 정상적이고 정당한 사랑이, 마침내 자식을 애지중지하여 거기에 홀딱 빠지게 될 수가 있습니다. 그렇게 되면 그게 애착이 되어 자식이 하나님을 대신하게 되고 결국 그 마음에서 하나님을 몰아내게 됩니다. 그런데 그것이 언제 그렇게 되었는지를 분간하기란 심히 어렵습니다. 그러기에 이 관계가 비록 정상적인 부모의 사랑이었다 할지라도, 하나님께서는 이와 같은 시험을 하실 권위를 가지고 계시지 않겠습니까? 하나님이 하나님이시라면, 그분은 하십니다!

"**독자.**" 이삭은 아들이었을 뿐 아니라 독자였습니다. 이삭은 창세기 15:4-6에서 하나님께서 하신 약속의 성취였습니다. "여호와의 말씀이 그에게 임하여 가라사대, '그 사람은 너의 후사가 아니라. 네 몸에서 날 자가 네 후사가 되리라' 하시고, 그를 이끌고 밖으로 나가 가라사대, '하늘을 우러러 뭇별을 셀 수 있나 보라.' 또 그에게 이르시되, '네 자손이 이와 같으리라.' 아브람이 여호와를 믿으니 여호와께서 이를 그의 의로 여기시고." 이삭은 아브라함의 약속의 자녀였습니다. 그런 의미에서 아브라함의 독자 곧 유일한 외아들이었습니다. 이스마엘은 이 믿음의 계보에 들 수 없었습니다. 이스마엘은 아브라함과 사라의 인간적 시도의 결과였습니다. 그들은 자신들의 방법으로 그 약속을 성취하려 했고, 그 결과가 이스마엘이었습니다.

"이삭." 이삭은 '웃음', '그가 웃는다'라는 의미입니다. 하나님께서 지어 주신 이름입니다. 하나님께서 아브라함에게 사라가 아들을 낳을 것이라고 말씀하실 때 그들은 웃었습니다. "아브라함이 엎드리어 웃으며…"(창세기 17:17). "사라가 속으로 웃고…"(창세기 18:12). 그래서 아들의 이름을 '웃음'이라고 지으라고 하셨습니다. 참으로 재미있고 웃음 짓게 하는 이름입니다. 이삭은 기적으로 얻은 아들이었습니다. 이삭의 출생은 연로한 부모에게 크나큰 기쁨과 웃음을 안겨 주었습니다(창세기 21:6 참조). 이삭이 자라나는 모습을 보면서 그들의 기쁨은 더욱더 배가되었을 것입니다. 그런데 이런 이삭을 번제로 바치라는 하나님의 명령을 받았을 때, 아브라함의 가정은 어땠을까요? 갑자기 웃음소리가 뚝 그치고 정적만이 감돌았을까요? 웃음 대신 온 집안이 눈물바다가 되었을까요? 아니면….

C. S. 루이스는 "위대한 이혼"이라는 책을 썼는데, 이 책은 우리가 하나님께 헌신하여 이 땅 위에서 한 결정이 하늘에서의 우리의 운명에 어떻게 영향을 미치는지를 비유적으로 표현한 이야기입니다. 그 책에서 우리는 지옥과 이혼하고 천국 시민이 되었으며, 자아와 이혼하고 그리스도의 신부가 되었다고 이야기합니다.

이 책의 이야기는 지금 얘기하고 있는 '아브라함-이삭'이라는 주제와 관련되어 있습니다. 한 어머니가 등장합니다. 그녀는

10년 전에 죽은 사랑하는 아들 마이클을 생각하며 그리움을 더 이상 참지 못하고 울부짖습니다. "하나님이 나를 정말 사랑하신다면, 내 아들을 보게 하실 거야. 나를 사랑하신다면 왜 마이클을 데려가셨단 말인가? 거기에 대해선 더 이상 아무 말도 하지 않겠어. 하지만 용서하긴 너무 힘들어." 마이클이 죽은 이후 그녀가 살아온 것은 오직 마이클에 대한 그리움이 자기 안에서 사라지지 않도록 하는 것이었습니다. 남편과 딸은 그녀의 안중에 없었습니다. 그녀는 그들을 거부하고 소홀히 했습니다. 아들을 잃은 고통이 그녀의 삶의 중심에 있었습니다. 마침내 절규하듯이 부르짖었습니다. "내 아들을 돌려주십시오. 하나님, 듣고 계십니까? 나는 주님의 법과 규칙에는 관심 없습니다. 엄마와 자식을 갈라놓는 그런 하나님은 나는 믿지 않습니다. 나는 사랑의 하나님을 믿습니다. 아무도 나와 내 아들 사이에 끼어들 권리가 없습니다. 심지어 하나님조차도요. 하나님, 나는 내 아들을 원합니다. 그는 내 거예요. 아시죠? 내 거, 내 거, 내 거란 말입니다. 영원토록."

루이스는 이 이야기의 결말을 말하지 않습니다. 이 이야기를 통해 말하고자 하는 교훈은 모성애, 즉 자식에 대한 어머니의 사랑이 아닙니다. 사랑에 대한 것이긴 하되, 그 중심에 자아가 있는 사랑에 대한 것입니다. 그 중심에는 자아에 집착된 사랑이 있었습니다. 그리고 사람들에 대한 우리의 사랑이 하나님에 대한 우리의 사랑과 어떻게 연결되어 있는가를 이야기하고 있습니다.

하나님은 정말로 하나님이십니까? 우리의 모든 사랑의 관계에서 말입니다. 이 이야기는 아브라함과 이삭의 관계에 대해서도 시사하는 바가 아주 큽니다.

침묵의 순종

아브라함의 반응은 즉각적이었습니다. 그의 마음은 찢어지는 고통을 느꼈을 수도 있습니다. 그러나 그는 망설이지 않고 즉시 순종하기를 선택했습니다. 본문 말씀은 이렇게 말합니다. "아브라함이 아침에 일찍이 일어나…"(창세기 22:3). 그 시험이 갑자기 온 것만큼이나 그의 반응도 즉각적이었습니다. 그는 모든 준비를 갖추고 모리아산으로 떠났습니다. "나귀에 안장을 지우고 두 사환과 그 아들 이삭을 데리고 번제에 쓸 나무를 쪼개어 가지고 떠나 하나님의 자기에게 지시하시는 곳으로 가더니"(3절). 신속한 순종이 정말 놀랍습니다. 아브라함은 하나님께서 그에게 하라고 요구하실 수 있는 것에 그 어떤 제한도 두지 않았습니다. 만일 그럴 마음이 있었다면 하나님께 항의를 하거나 어떤 내적 경계선을 설정할 수도 있었습니다. 그가 기꺼이 하나님을 위해 할 수 있는 것을 넘어서는 일에 귀를 막게 할 제한 말입니다. 우리는 하나님께 이렇게 말하는 그리스도인 부모들을 알고 있습니다. "알겠습니다. 주님, 내 딸을 주님께 내어 드립니다. 내 딸을 데려다가 주님의 일꾼으로 삼으소서. 하지만 딸에게 선교사가 되라고 요구하지는 마소서. 그 아이는 몸이 아주 약합니다. 그러니 좋은 그리스도인들이 아주 드문 외국 땅에서 어떻게 결혼해서 살 수 있겠습니까?" 우리는 하나님께 순종하기를 원하지만 우리 자신이 정한 아주 명확한 경계선 안에서 순종하기를 원합니다.

아브라함은 그 명령이 무엇을 의미하는지 알았습니다. 그는 눈앞에 닥쳐온 생이별의 고통에서 머뭇거리지 않았습니다. 침묵이 그를 귀머거리로 만들었습니다. 다른 음성은 듣지 못하게 했습니다. 그가 결정할 때 아내인 사라와 상의했다는 기록이 없습니다. 이 결정이 사라에게 어떤 영향을 미쳤는지 우리는 아는 바가 전혀 없습니다.

침묵은 모리아산으로 가는 3일간의 여정 내내 계속되었습니다. 성경에 기록되어 있는 유일한 대화를 보면 아주 간단합니다. 이삭이 물었습니다. "내 아버지여, 불과 나무는 있거니와 번제할 어린양은 어디 있나이까?" 아브라함이 간단히 대답했습니다. "아들아, 번제할 어린양은 하나님이 자기를 위하여 친히 준비하시리라."

그 침묵은 아브라함이 깊은 고통을 느꼈음을 암시합니다. 이런 상황에서 어떻게 종들과 잡담을 할 수 있을까요? 또 조금 후면 이삭을 번제로 드려야 하는데 이삭과 무슨 말을 할 수 있을까요? 그리스도를 따르기를 열망하는 그리스도인이라면 누구나 굴복의 고통을 경험했을 것입니다. 각기 정도가 다르고 문제가 다를 수는 있지만 누구나 겪습니다. 모든 굴복은 각각 하나하나가 고통스럽습니다. 그 사람이 영적으로 어떤 성숙 단계에 있는지와는 상관없습니다. 문제가 크면 클수록 굴복의 고통은 더 큽니다. '죽음'이 관련되어 있으면 아주 고통스럽습니다.

예수님께서는 '날마다 제 십자가를 지고 나를 따르라'고 우리를 부르십니다. 헌신된 그리스도인은 자기 자신에 대하여 죽습니다. 자기의 사랑하는 자들에 대하여도 죽습니다. 아버지, 어머니, 형제, 자매뿐 아니라, 기타 모든 사랑의 관계에 대하여도 죽습니다. 그의 직업과 경력에 대해서도 죽습니다. 이른바 '안락하고 행복한' 삶에 대하여도 죽습니다. 오직 자기를 따르라는 예수님의 부르심에 순종합니다. 선교 초기 시절에는 선교지까지 가는 여행을 주로 배로 하였는데 아주 힘들고 때로는 목숨을 거는 일이었습니다. 선교사들은 그들의 고국과 문화에 대하여 죽었습니다. 그 선교지의 국가를 자신의 고국으로 삼았습니다. 어떤 선교사들은 안식년에도 고국으로 돌아가기를 거절하였습니다. 어떤 이들은 선교지를 고국으로 삼아 은퇴 후에도 거기서 여생을 보내다가 나중에 그들이 섬기던 곳에 묻혔습니다. 그들은 자신의 고국과 고향에 대하여 죽었습니다. 어떤 이들은 질병으로 고통을 겪었고, 선교지에서 섬기다가 죽었습니다.

아무 변명이 없음

우리는 아브라함이 아들을 번제로 바치는 것을 피하려고 여러 가지로 변명했다는 사실을 듣거나 읽어 보지 못했습니다. 침묵은 역설적이게도 많은 말을 하기도 합니다. 아브라함은 여러 가지 정당한 변명을 댈 수도 있었습니다.

1. 도덕적 근거에서. '하나님께서 어떻게 죄 없는 자녀의 생명을 요구하실 수 있는가?' 이는 사랑이신 하나님의 성품과 상반됩니다.

2. 교리적 근거에서. '하나님께서 어떻게 자녀를 제물로 바치라고 명령할 수 있는가?' 레위기 20:4-5를 비롯한 여러 구절에서 인신 제물을 금하고 있는데, 이는 하나님의 다른 명령과 상충됩니다.

3. 윤리적 근거에서. '하나님께서 어떻게 아브라함에게 하신 자기 약속을 깨뜨릴 수 있는가?' 약속으로 주신 이삭을 가져가신다면 하나님 자신의 약속을 부인하는 것이 됩니다.

4. 실제적 근거에서. '하나님께서 어떻게 자기 약속을 이룰 것인가?' 하나님께서는 아브라함을 통해 모든 민족을 복주시겠다고 약속하셨습니다. 이삭을 제물로 드리게 된다면, 이는 하나님

의 계획을 스스로 부정하는 것이 됩니다.

하나님께서는 진실로, 아브라함이 그 제사를 실제로 행하기를 원하지 않으셨습니다. 이 점이 중요합니다. 그것은 테스트였습니다. 따라서 희생 제사를 드리지 않을 변명이 무엇이든 간에, 설령 아브라함이 그 변명거리를 생각했다고 하더라도, 그는 마음속에서 그 문제를 해결했고 순종을 선택했습니다. 아브라함은 합리성에 기대어 불순종을 변명하지 않았습니다. 이삭의 질문에 아브라함이 한 대답은 그의 믿음의 마음을 나타내 줍니다. "아들아, 번제할 어린양은 하나님이 자기를 위하여 친히 준비하시리라"(창세기 22:8). 아브라함은 믿음을 삶에 적용했습니다. 죽은 자를 다시 살리실 하나님의 능력을 믿었습니다. 아브라함에 대하여 히브리서 11:19에서 이렇게 말씀하고 있습니다. "저가 하나님이 능히 죽은 자 가운데서 다시 살리실 줄로 생각한지라. 비유컨대 죽은 자 가운데서 도로 받은 것이니라." 아브라함은 하나님께서 죽은 사람들까지도 다시 살리실 수 있다고 믿었습니다. 말하자면 아브라함은 죽은 자들 가운데서 이삭을 다시 받은 셈입니다. 이는 히브리인들이 죽은 자들 가운데서의 부활을 믿었음을 가리켜 주는 좋은 예라고 할 수 있습니다.

이 이야기는 아브라함이 이삭을 제물로 드리려고 마지막 행동을 할 때 하나님께서 중지시킴으로 결말이 납니다. 숫양 하나가 기적적으로 덤불에 뿔이 걸려 있었습니다. 그 숫양은 이삭 대신 희생 제물로 바쳐졌습니다.

한 가지 주의해야 할 게 있습니다. 아브라함에게 자식인 이삭을 제물로 드리라고 한 것과 같은 명령이 성경에서 다시 되풀이 되지 않는다는 점을 명심해야 합니다. 사사기 11장에 나오는 입다의 경우, 입다는 경솔하게 무모한 서원을 했습니다. "그가 여호와께 서원하여 가로되, '주께서 과연 암몬 자손을 내 손에 붙이시면 내가 암몬 자손에게서 평안히 돌아올 때에 누구든지 내 집 문에서 나와서 나를 영접하는 그는 여호와께 돌릴 것이니 내가 그를 번제로 드리겠나이다' 하니라"(30-31절). 나중에 밝혀진 것처럼, 입다의 어린 딸이 춤추며 나와서 그를 맞이하였고, 어리석게도 딸은 아버지에게 그 서원을 이행하라고 요구했습니다. "나의 아버지여, 아버지께서 여호와를 향하여 입을 여셨으니 아버지 입에서 낸 말씀대로 내게 행하소서"(36절). 이는 하나님께서 입다에게 요구하신 바가 아니었습니다. 이스라엘의 악한 왕들은 인신 제사를 여러 번 행하였는데, 모두 악한 행동으로 비난받았습니다. 오늘날 누군가가 "하나님께서 내게 아들을 번제로 바치라고 하십니다"라고 말한다면, 빨리 경찰을 부르십시오. 그는 창세기 22장을 잘못 적용하였습니다.

이 이야기는 우리에게 가장 귀한 관계나 소유물을 하나님께 돌려드리는 것에 대하여 말하고 있습니다. 여호와 하나님께서는 아브라함이 옳게 행하였다고 세 번이나 반복하여 말씀하셨습니다.

> …네가 네 아들 네 독자라도 내게 아끼지 아니하였으니 내가 이제야 네가 하나님을 경외하는 줄을 아노라. (창세기 22:12)

> …내가 나를 가리켜 맹세하노니 네가 이같이 행하여 네 아들 네 독자를 아끼지 아니하였은즉. (창세기 22:16)

> 또 네 씨로 말미암아 천하 만민이 복을 얻으리니, 이는 네가 나의 말을 준행하였음이니라.… (창세기 22:18)

영광과 축복

굴복에 따른 고통은 이제 영광과 축복으로 바뀝니다. 하나님께서는 언제나 우리의 순종을 아시고, 받으시고, 상을 주십니다. 순종의 결과 아브라함이 받은 축복을 몇 가지만 들면 다음과 같습니다.

아브라함은 '하나님의 공급하심'을 경험하였습니다. 그래서 그곳 이름을 '여호와이레'라 하였습니다. '여호와께서 준비(공급)하심'이라는 의미였습니다. 그 공급은 아주 타이밍이 기가 막

힌 공급이었습니다. 결코 잊을 수 없는 공급이었습니다. 하나님께서 공급해 주시는 삶에 익숙하지 않은 사람은 한 번의 큰 공급으로 만족합니다. 믿음의 초보자에게는, 기다림의 시간, 공급의 불확실성, 하나님을 신뢰하는 데 필요한 기타 필수 조건이 사람을 지치게 하는 것으로 여겨질 수도 있습니다. 하나님을 의지하는 데에 너무 많은 희생을 치른다고 생각할 수도 있습니다. 하지만 아브라함과 같이 믿음의 연단에 익숙한 사람은 크고 작은 필요가 있을 때마다 타이밍에 맞게 정확히 공급하여 주시는 하나님을 여러 번 경험합니다.

아브라함은 그의 자손에 대한 하나님의 축복과 연관하여 한 단계 더 나아간 약속을 받았습니다. 아브라함은 여러 차례 반복하여 하나님의 약속을 받았습니다.

창세기 12장에서, 그는 맨 처음으로 약속을 받았습니다(1-3절). 중요한 약속이었습니다. 그 약속은 그가 복을 받을뿐더러 아울러 그가 땅 위의 모든 사람에게 복이 된다는 내용이었습니다. 이것에 이어 한 가지 약속이 뒤따랐습니다. 그때 그가 머물고 있는 바로 그 땅이, 그의 자손들에게 주는 약속의 땅이 되리라는 약속입니다(7절).

창세기 15:5에서는, 그의 자손들이 하늘의 별과 같이 많이 번성하리라는 약속을 받습니다.

창세기 17장에서는 그 약속에 더불어 그가 많은 민족의 조상이 되고, 열왕이 그에게서 나오리라는 내용이 포함되었습니다. 그 언약은 영원한 언약이 되리라고 했습니다. 가나안은 그와 그의 후손의 영원한 소유가 될 것입니다.

창세기 22장에서는, 그의 자손들이 하늘의 별과 같이 많아질 것이라고 하면서, 두 가지 요소가 새로 더해집니다. "내가 네게 큰 복을 주고 네 씨로 크게 성하여 하늘의 별과 같고 바닷가의 모래와 같게 하리니 네 씨가 그 대적의 문을 얻으리라"(17절). 첫째는 아브라함의 자손이 "바닷가의 모래와 같게" 번성하리라는 것입니다. 아브라함 당시에, 별들은 많으나 그래도 사람의 눈으로 '셀 수 있는' 것이었습니다. 그 시대에는 바닷가의 모래가 별보다 훨씬 많게 보였을 수도 있습니다. 둘째는 "네 씨가 그 대적의 문을 얻으리라"는 것입니다. 그의 자손들이 그 대적의 성읍을 소유하게 되리라는 약속입니다.

시간이 흐르면서, 아브라함의 순종과 굴복은 더욱 성장하여 갔고, 그와 더불어 아브라함의 약속 또한 더 명확하고 정교하게 전개되고 있는 것을 볼 수 있습니다.

이후에 아브라함은 아들 이삭을 위해 아내를 찾아 주면서 부모로서의 의무를 수행했습니다. 그 일이 이루어졌을 때, 그는 성경의 본 무대에서 사라졌습니다. 그리고 이야기는 이삭과 다음 세대로 넘어갔습니다. 아브라함은 이후 수많은 사람들의 존경을 받았습니다. 얼마나 영광스러운 퇴장인지 모릅니다.

굴복의 원리

이제 창세기 22장의 이야기로 돌아가서 몇 가지 원리를 찾아내 보도록 합시다. 굴복이 무엇을 의미하며, 하나님께 어떻게 굴복하는지 이해하도록 도와줄 것입니다.

아브라함의 원리

1. 평생토록 오직 하나님만이 우리의 사랑의 대상이어야 합니다. 다른 그 어떤 것보다도, 그 어떤 관계보다도 하나님을 더 사랑해야 합니다. 하나님께서는 우리 마음의 보좌에 그 어떤 경쟁자도 두길 원하지 않으십니다. 이와 같이 예수님께서도 자신의 절대적인 주재권을 말씀하셨습니다. 우리가 사랑하는 이들에 대한 사랑의 영역에서조차도 그렇습니다. 아무도 그분과 사랑에서 경쟁하여서는 안 됩니다. 누가복음 14:26-27에서 예수님께서는 예수님에 대한 사랑과 상대적으로 비교하여 '미워하다'라는 단어를 사용하셨습니다.

> 무릇 내게 오는 자가 자기 부모와 처자와 형제와 자매와 및 자기 목숨

까지 미워하지 아니하면 능히 나의 제자가 되지 못하고, 누구든지 자기 십자가를 지고 나를 좇지 않는 자도 능히 나의 제자가 되지 못하리라.

아무도, 아무것도, 우리 마음에서 하나님의 자리를 넘보거나 차지하여서는 결단코 안 됩니다. 하나님께서는 우리가 '우리의 이삭들'보다 그분을 더욱더 사랑하기를 원하십니다.

2. 현재 자신이 인생에서 어떤 단계에 있든 항상 시험에 깨어 대비하십시오. 다니엘 6장에서 사자 굴에 던져질 준비를 하고 있을 때 다니엘은 아브라함처럼 노년의 나이였습니다. 그는 하나님께 대한 헌신의 시험을 맞이했고 통과했습니다.

3. 한 번의 순종이 일생의 순종을 입증하지는 않습니다. 한 번 순종했다고 평생 순종하리라는 보장 또한 없습니다. 아브라함은 초기에 하나님의 부르심에 순종하여 자기 고향과 백성과 가족을 떠남으로 순종을 입증했습니다. 그때가 75세였습니다. 그러나 100세에 이삭을 낳고 이후 이삭이 한창 성장하고 있을 때, 그때 아브라함의 나이가 정확히 얼마인지는 모르지만, 또 한 번의 테스트를 맞이해야만 했습니다.

4. 축복이 하나님으로부터 오는 시험의 수단이 될 수도 있음을 알고 미리 준비하십시오. 우리는 하나님으로부터 오는 축복을 잘못 다루기가 쉽습니다. 예를 들어, 하나님께서 물질적 부를

복으로 주시면, 그 부로 인하여 마음이 하나님으로부터 떠나 탐욕으로 향하지 않도록 경계하십시오. 만일 그렇지 않으면, 그것은 하나의 시험의 수단이 되어 버립니다.

5. 자신이 가치 있게 여기지도 않고 원하지도 않는 어떤 것을 포기하는 것은 진정한 굴복이라 할 수 없습니다. 그런 굴복에는 대가를 치를 게 아무것도 없습니다. 굴복은 아무리 자신에게 소중할지라도 그것을 하나님께 내어 드리는 것입니다. 하나님께서 정말로 원하시는 바를 내어 드리는 것입니다. 우리는 주님께서 결정하시도록 손을 편 채로 드려야 합니다. 이에 따르는 고통의 크기는 우리가 마음에 품고 있는 그 '이삭'의 가치를 가리킵니다.

6. 순종에는 상급 또는 보상이 있습니다. 아브라함은 그의 '이삭'을 돌려받았습니다. 비록 인간의 이성이 그 반대를 제시할지라도 굴복에는 그 이상의 가치가 있습니다.

이삭의 원리

이는 주재권과 굴복의 또 다른 면이라 할 수 있습니다. 이삭은 굴복과 연관하여 배울 수 있는 몇 가지 원리를 보여 줍니다.

1. '이삭'은 우리가 마음에 품고 사랑하며 소중히 여기는 모든 것을 상징합니다. '이삭'은 모든 좋은 것입니다. 심지어 하나님으

로부터 온 선물과 축복일 수도 있습니다. 그런데 그것이 하나님을 향한 우리의 마음을 부패하게 하거나, 또는 하나님의 절대주권을 방해하고 가로막을 가능성이 있습니다. 이 '이삭'을 조심해서 다루십시오. 우리 모두는 마음에 '이삭'을 가지고 있습니다.

2. 하나님께서는 우리가 이 '이삭'을 하나님께 드리기를 원하십니다. 그러나 초점은 이삭이 아닙니다. 이른바 희생 제물이 아닙니다. 하나님께서는 아브라함의 마음에 더 관심이 있으셨습니다. 하나님께서는 이삭을 원하는 것이 아니라 아브라함을 원하십니다. 만일 우리가 아브라함처럼 시험을 받는 과정에서 그 시험의 직접 원인이 되는 그것에만 초점을 두면, 그 시험의 진정한 목적을 놓치게 되고 결국 실패하게 될 것입니다.

큰 그림

이 시험은 겉으로 드러나 있는 것보다 훨씬 더 큰 의의를 지니고 있습니다. 그 결과는 많은 세대의 운명에 영향을 미칠 수도 있습니다. 여기에서 이 시험이 갖는 예표론적인 의미를 조심스럽게 간단히 살펴보고자 합니다.

창세기 22장은 예표론적 특징이 아주 풍부합니다. 첫째로, "네 아들, 네 사랑하는 독자 이삭을 데리고… 가서… 거기서 그를 번제로 드리라"라는 말씀은 신약에서 "하나님이… 독생자를 주셨으니"(요한복음 3:16)라고 하신 말씀과 "이는 내 사랑하는 아들이요 내 기뻐하는 자라"(마태복음 3:17, 17:5)라고 하신 말씀 속에 익숙한 메아리로 되울리고 있습니다.

둘째로, 아버지에게 굴복하고 순종하는 아들의 모습입니다. 이는 바로 그리스도의 모습입니다. 그리스도께서는 자원하여 우리를 위하여 우리 대신 십자가로 가셨습니다. 이삭이 아버지의 명을 그대로 행한 것처럼 예수님은 아버지의 뜻을 행하셨습니다. 처음에 이삭은 당황스러웠을 수도 있었지만 곧 이해하고 아버지의 명을 거부하지 않았습니다.

셋째로, 그 당시 이삭은 어린이 그림 성경책에서 보여 주는 그런 어린아이라기보다 청년일 수도 있습니다. 창세기 22:5,12에서 이삭을 "아이"라고 표현했는데, 여기에 사용된 히브리어 단어가 '나아르'입니다. 이 단어는 폭넓은 연령층을 가리킵니다. 이는 어린아이에게도 적용되었을 뿐 아니라, 아브라함을 따라간 두 사환에게도 적용되어 그들도 '나아르'라고 되어 있습니다. 이는 그들이 최소한 젊은 성인이었다는 사실을 의미합니다. 이삭은 '나아르'였지만, 번제에 쓸 나무를 지고 산을 올라갈 만큼 건장했습니다. 사라가 90세에 이삭을 낳았으므로, 사라가 127세에 죽었을 때에(창세기 23:1), 이삭은 37세였습니다. 이삭을 제물로 드린 이 이야기가 사라의 죽음과 가깝기 때문에, 그렇다면 당시 이삭이 30세쯤 되었으리라고 추측하는 학자들도 있습니다. 여기에 들어 있는 예표론적 의미는 이삭이 번제로 드려질 때가 예수님께서 공생애를 시작하신 나이 무렵이었다는 것입니다. 이 점이 이삭을 통해 나타난 그리스도의 예표와 모형이라 할 수 있습니다.

넷째로, 희생 제사가 드려진 모리아산은 훗날 성전이 세워진 자리였습니다. 골고다와 아주 가까웠습니다. 골고다는 바로 예수님께서 십자가에 못 박히셔서 우리 죄를 위해 희생 제물이 되신 곳입니다. 이는 예수 그리스도의 희생적 죽음과 부활에 대한 예표론적 의미를 가집니다.

다섯째로, 몇몇 신약성경 구절들은 창세기 12장과 창세기 22장에 적용될 때까지는 특이하게 보입니다. 갈라디아서 3:8은 아주 흥미로운 구절입니다. "또 하나님이 이방을 믿음으로 말미암아 의로 정하실 것을 성경이 미리 알고 먼저 아브라함에게 복음을 전하되, 모든 이방이 너를 인하여 복을 받으리라 하였으니." 복음의 요소들이 아브라함에게 알려진 것처럼 보입니다. 이는 깜짝 놀랄 만합니다. 우르에 있던 아브라함이 듣고 응답한 그 믿음으로의 부르심만큼이나 놀랄 만한 일입니다. 이제 우리가 들어 알게 되는 점은, 아브라함이 믿음의 초기에 복음의 여러 면을 알고 있었다는 사실입니다. 어떻게 그럴 수 있을까요? 한 가지 가능성은, 그가 믿음으로 말미암아 의롭다 하심을 얻게 된다는 사실을 이해했다는 점입니다. 이는 창세기 12장에 나오는 그의 믿음의 응답에서 분명하게 보입니다. 그것은 믿음의 원리를 예로 보여 줍니다.

복음의 원리는 창세기 15:4-6에서 더 구체적으로 나옵니다. "여호와의 말씀이 그에게 임하여 가라사대, '그 사람은 너의 후사가 아니라. 네 몸에서 날 자가 네 후사가 되리라' 하시고, 그를 이끌고 밖으로 나가 가라사대, '하늘을 우러러 뭇별을 셀 수 있나 보라.' 또 그에게 이르시되, '네 자손이 이와 같으리라.' 아브람이 여호와를 믿으니 여호와께서 이를 그의 의로 여기시고." 여기에 보면 아브라함은 아들과 자손에 대한 하나님의 약속을 믿었습니다. 하나님께서는 이런 아브라함의 믿음을 보시고 그를 의롭게 여기셨습니다.

그다음에 창세기 22장에는 죽음과 부활이라는 요소가 나타나 있습니다. 이삭을 제물로 드리는 과정에서, 그리고 이삭이 아브라함에게 다시 돌려지는 장면에서 이 요소가 나타나 있습니다. 대신 드린 어린양은 대속적 희생의 개념을 잘 보여 줍니다. 따라서 우리는 아브라함의 믿음의 경험 속에 복음의 핵심 요소가 나타나 있는 사실을 볼 수 있습니다. 참으로 놀랍지 않습니까?

마지막으로 요한복음 8:56 말씀은 당시로서는 불가사의한 구절입니다. 거기서 예수님께서는 유대인들에게 이렇게 말씀하셨습니다. "너희 조상 아브라함은 나의 때 볼 것을 즐거워하다가 보고 기뻐하였느니라." 연결점은, 아브라함이 언제 예수님의 때를 보았는가 하는 것입니다. 즉 아브라함은 그리스도의 오심을 언제 보았을까요? 창세기에 여러 개의 가능한 참고 구절이 있는데, 창세기 22장은 더욱 분명히 해당됩니다. 앞에서 말했듯이, 창세기 22장은 구세주의 죽음과 부활에 대한 그림자입니다. 우리는 종종 하나님의 구원에 대하여 초기 성도들보다 오늘날 우리가 더 많이 알고 있다고 잘못 생각하기 쉽습니다. 물론 어떤 점에서는 우리가 더 많이 알고 있습니다. 하지만 아브라함이 하나님의 계시에 관하여 더 많이 알지 못했다고 누가 말할 수 있을까요?

중요한 점은 창세기 22장에서 번제로 드리라는 부르심은 예수님의 구속 사역을 예표하는 독특한 그림이라는 사실입니다. 이천 년 후에 있을 미래의 시간을 보여 줍니다. 하나님 자신이 하나뿐인 외아들을 보내실 그때를 보여 줍니다. 사랑하는 아들 예수님을 보내실 때를 말입니다. 그 아들은 세상 죄를 위해 죽임 당할 어린양이 되실 분입니다. 이제는 그 어린양이 수풀에 걸린 것이 아니라 친히 나무에 달리셨습니다(창세기 22:13, 베드로전서 2:24).

묵상 및 적용

1. 자신의 삶을 하나님께 내어 드린 적이 있습니까? 예수님을 자신의 주님으로 선택한 적이 있습니까? 언제였습니까? 어떻게 그런 중대한 결정을 하게 되었습니까?

2. 만일 그렇게 한 적이 없다면, 무엇이 그렇게 하는 것을 두려워하게 합니까?

3. 하나님께 드렸던 어떤 영역을 다시 돌려받은 적이 있습니까? 그런 적이 있다면, 그것을 다시 하나님께 돌려드릴 수 있겠습니까?

4. 아브라함처럼 현재 하나님께 드려야 할 '이삭'이 있습니까?

5. 앞을 내다볼 때, 하나님께서 그분께 내어 드리라고 요구할 것 같은 삶의 영역이 있습니까? 구체적으로 무엇이 있겠습니까?

삶을 내어 드리는 것은 한 순간으로 되는 게 아닙니다. 일생 동안 살기에 일생 동안 내어 드려야 합니다.

- 엘리자베스 엘리엇

4

모세의 순종: 애굽을 떠나다

성경에 있는 놀라운 사건들이
한 사람의 조그마한 순종으로 말미암아
일어난 경우가 많습니다!
확신하십시오.
하나님께서 지금 하라고 하시는 것을 하면,
틀림없이 다음에 할 일을 보여 주십니다.
- 엘리자베스 엘리엇

모세의 순종: 애굽을 떠나다

²³믿음으로 모세가 났을 때에 그 부모가 아름다운 아이임을 보고 석 달 동안 숨겨 임금의 명령을 무서워 아니하였으며, ²⁴믿음으로 모세는 장성하여 바로의 공주의 아들이라 칭함을 거절하고, ²⁵도리어 하나님의 백성과 함께 고난받기를 잠시 죄악의 낙을 누리는 것보다 더 좋아하고, ²⁶그리스도를 위하여 받는 능욕을 애굽의 모든 보화보다 더 큰 재물로 여겼으니, 이는 상 주심을 바라봄이라. ²⁷믿음으로 애굽을 떠나 임금의 노함을 무서워 아니하고 곧 보이지 아니하는 자를 보는 것같이 하여 참았으며, ²⁸믿음으로 유월절과 피 뿌리는 예를 정하였으니, 이는 장자를 멸하는 자로 저희를 건드리지 않게 하려 한 것이며, ²⁹믿음으로 저희가 홍해를 육지같이 건넜으나 애굽 사람들은 이것을 시험하다가 빠져 죽었으며. (히브리서 11:23-29)

순종과 믿음

히브리서 11장은 믿음의 위대성에 대해 말씀하고 있습니다. 이 장에는 '믿음'이라는 말이 27회 나옵니다. 창조와 옛 역사, 그리고 이스라엘의 믿음의 영웅들의 삶을 예로 들어 믿음을 설명하고 가르칩니다. 아브라함의 믿음이 8절에서 19절까지 열두 절에 걸쳐 제일 길게 나와 있고, 그다음으로 23절에서 29절까지 일곱 절에 걸쳐 모세의 믿음이 언급되어 있습니다.

이 장에서 믿음은 순종과 밀접하게 연관되어 있습니다. 믿음과 순종은 동전의 양면과 같습니다. 예를 들어, 8절에서 이렇게 말씀하고 있습니다. "**믿음**으로 아브라함은 부르심을 받았을 때에 **순종**하여 장래 기업으로 받을 땅에 나갈새 갈 바를 알지 못하고 나갔으며." 아브라함의 믿음은 그가 순종할 수 있게 해 주었습니다. 그의 순종의 행동은 믿음으로 동기 부여가 되었습니다. 모세의 예를 통해, 히브리서 기자는 이스라엘의 영웅이요 하나님의 사람인 모세가 어떻게 순종의 길을 걸어갔는지를 잘 보여 줍니다. 모세의 삶에서 믿음과 순종의 깊은 상호 연관성을 찾아볼 수 있습니다. 그의 삶을 통해 우리는 하나님께 순종하는 과정에서 비록 힘들지만 올바른 선택을 하는 것에 대해 많이 배울 수 있습니다.

순종과 선택

성경에서 '순종' 하면 일반적으로 하나님이나 하나님의 명령을 '따르는' 것입니다. 모세의 예에서, 우리는 또 다른 관점으로 순종을 보게 됩니다. 여기서는 순종이 '선택하는' 것으로 나타납니다. 모세는 하나님께 순종하기 위해 뭔가를 선택해야 했습니다. 모세에게 있어 순종은 곧 선택이었습니다. 히브리서 11:24-26에서 세 동사를 주목할 필요가 있습니다.

첫째가 '거절하고'입니다. "믿음으로 모세는 장성하여 바로의 공주의 아들이라 칭함을 거절하고"(24절). 성경 사전에 보면, '거절하고'라는 동사는 헬라어로 '알네오마이(arneomai)'인데, '거절하다, 거부하다, 부인하다, 부정하다, 단절하다' 등의 의미를 지니고 있습니다. 누가복음 9:23에서 예수님께서 사람들을 제자의 삶으로 부르실 때 "아무든지 나를 따라오려거든 자기를 부인하고"라고 하셨는데, '부인하고'라는 말이 동일한 헬라어입니다. 따라서 모세는 왕족의 일원으로서의 자신의 신분을 부인한 것입니다.

둘째로, '더 좋아하고'입니다. "도리어 하나님의 백성과 함께 고난받기를 잠시 죄악의 낙을 누리는 것보다 더 좋아하고"(25절). 이 말은 헬라어로 '하이레오마이(haireomai)'인데, '자력으로 취하다, 붙잡다, 택하다'의 의미입니다. 이 말에는 두 개의 가능성 사이에서 선택한다는 의미가 들어 있습니다. 빌립보서 1:22에서 바울은 이렇게 말합니다. "그러나 만일 육신으로 사는 이것이 내 일의 열매일진대 무엇을 가릴는지 나는 알지 못하노라." 바울의 마음에는 갈등이 있었습니다. 그리스도를 위하여 '삶'을 선택할 것인지 '죽음'을 선택할 것인지 둘 사이에서 고민하고 있었습니다. '무엇을 가릴는지'에서 '가릴는지'가 바로 동일한 헬라어입니다.

셋째로, '여겼으니'입니다. "그리스도를 위하여 받는 능욕을 애굽의 모든 보화보다 더 큰 재물로 여겼으니, 이는 상 주심을 바라봄이라"(26절). 이 말은 헬라어로 '헤게오마이(hegeomai)'인데, '여기다, 생각하다, 세다, 판단하다'의 의미가 있습니다. 마음속으로 주의 깊게 저울질하고 숙고하여 선택한다는 뜻이 들어 있습니다. 그것은 또한 방향을 제시하는 지도자들에게 사용된 단어이기도 합니다.

이 세 단어는 모두 확신 및 선택과 연관되어 있습니다. 모세는 삶에서 몇 가지 중요한 선택에 직면했고, 아주 힘든 결정을 했습니다. '주재권' 또는 '제자의 도'와 연관된 것이었습니다. 이는 그의 삶의 방향을 바꾸어 놓았습니다. 그 이후 모세가 이룬 위대한 일은 그가 하나님께 순종하는 올바른 선택을 하지 않았다면 불가능했을 것입니다.

믿음을 생각할 때 흔히 저지르는 실수가 믿음을 일련의 교리나 영적 개념을 머리로 인정하면 되는 정도로 생각한다는 점입니다. 실은 믿음이란 힘든 선택과 중요한 결정이 이루어지는 치열한 영적 전투 현장에서 그 참모습이 드러납니다. 주님을 따르면서 우리는 서로 반대되는 두 가능성 사이에서 힘든 선택과 결정을 해야 할 때가 있습니다. 이것저것 재어 보고 따져 보며 거기에 담긴 바를 깊이 생각하게 됩니다. 하나님께 순종하기 위해 선택을 할 때 그 선택이 단기적인 것인지 영원한 것인지를 숙고합니다. 때로는 하나님께 순종하기 위하여 즉석에서 결정을 하는 것으로 나타나기도 합니다. 요셉이 보디발의 아내의 유혹을 뿌리치고 도망한 경우가 그런 경우입니다. 하지만 요셉이 유혹에서 도망치기로 즉각 결정을 한 것은 그가 이미 가진 가치관에서 나왔습니다. 그 가치관은 하루 이틀에 형성된 것이 아니라 오랜 시간에 걸쳐 마음에 깊이 새겨진 것입니다. 이처럼 경건한 영적 가치관이 확립되어 있었기 때문에 요셉은 유혹에 넘어가기 쉬운 상황에서도 올바른 선택을 할 수 있었습니다. 나중에 보게 되겠지만 모세의 경우도 마찬가지입니다.

순종으로 이어지는 선택은 즉흥적으로 또는 자동적으로 이루어지지 않습니다. 이런 반응은 우리의 속사람 곧 '중심'에서 나옵니다(사무엘상 16:7, 시편 34:18, 이사야 26:9, 마태복음 18:35 참조). 기회 있을 때마다 심사숙고하여 하나님께 순종하기로 결정할 때 그런 경험이 하나씩 모여 경건한 가치관을 확립하는 데 큰 기여를 합니다. 세월이 흐르면 이러한 개개의 결정이 순종하는 삶의 기반이 되고, 어려운 환경에서도 경건한 결정을 할 수 있게 해 주는 기초가 됩니다. 모세의 경우를 예로 들어 봅시다. 출애굽기 2:11-14에 보면, 모세가 어떤 애굽인을 쳐 죽이는 장면이 나옵니다. 어떤 애굽 사람이 히브리 사람 곧 자기 형제를 치는 것을 보고, 그 부당한 처사를 바로잡으려고 그랬습니다. 이러한 모세의 행동을 보고 그 순간 불의를 바로잡으려는 의협심으로 행동했다고 쉽게 말해 버리곤 합니다. 하지만 모세의 그런 행동이 어떻게 나왔겠습니까? 그 순간의 우발적인 행동이었을까요? 아마도 모세는 자기 동족 이스라엘 백성이 고역으로 시달리며 애굽인에게 부당한 취급을 받는 장면을 자주 보았을 터입니다. 그래서 그 문제에 대해 그동안 곰곰이 생각해 왔습니다. 모세가 자기의 확신을 형성하는 데에는 어린 시절부터 40세가 될 때까지 오랜 세월이 걸렸습니다. 모세의 행동은 그러한 확신에서 나왔습니다. 즉석에서 순간적으로 나온 행동이 결코 아닙니다.

선택의 두 가지 유형

모세가 순종의 길에서 해야 했던 선택을 살펴보면 두 가지 유형이 있음을 알 수 있습니다. 첫째는 '버리는' 선택인데, 세상의 매력적인 것을 하지 않기로 결정하는 선택입니다. 그리고 또 하나는 '취하는' 선택인데, 올바른 것을 하기로 결정하는 선택입니다. 간단히 말하자면, 모세는 세상 영예, 권세, 부, 쾌락에 대해서는 큰 소리로 단호하게 "아니요!"라고 했습니다. 동시에 노예들 편에 서서 보이지 아니하시는 하나님을 보이는 것같이 믿기로 하는 선택에 대해서는 분명하게 "예!"라고 했습니다. 모세에게는 이것이 더 힘든 선택이었습니다. 이 '보이지 아니하시는 하나님'께서 훗날 불타는 떨기나무 가운데서 모세를 부르셨습니다.

이러한 '예/아니요'는 성경에 나오는 순종의 특징입니다. 디도서 2:11-12에서는 우리가 순종할 수 있도록 도우시는 하나님의 은혜의 능력에 대해 말씀하고 있습니다. "모든 사람에게 구원을 주시는 하나님의 은혜가 나타나 우리를 양육하시되, 경건치 않은 것과 이 세상 정욕을 다 버리고, 근신함과 의로움과 경건함으로 이 세상에 살고." 이 구절에서 '다 버리고'와 '살고'가 대비되고 있습니다. '경건치 않은 것과 이 세상 정욕'에 대해서는 큰 소리로 '아니요!'라고 하고, '근신함과 의로움과 경건함'에 대해서는 단호하게 '예!'라고 말해야 합니다. 에베소서 4:22-24과 골로새서 3:5-10에서는 이것을 옷을 예로 들어 '벗고 입는 것'으로 표현하고 있습니다. 이 구절에서는 신자들에게 죄 된 습관을 벗어 버리도록 촉구합니다. 벗는다는 것은 거부하거나 버리는 것입니다. "아니요!"라고 말하는 것입니다. 또한 경건한 행동 양식을 입으라고 권면합니다. 입는다는 것은 받아들이거나 실행하는 것입니다. "예!"라고 말하는 것입니다.

1. '버리는' 선택

모세가 했던 '버리는' 유형의 선택은 지위, 쾌락, 재물과 연관된 것인데, 이는 삶에서 주요한 영역으로 오늘날에도 여전히 중요한 의미를 띠고 있습니다.

◆ 세상적 '지위'를 거절함

첫째로 모세는 세상적 '지위'를 거절했습니다. 믿음으로 모세는 장성하여 '바로의 공주의 아들'이라는 지위를 버렸습니다(히브리서 11:24).

태어난 지 석 달 만에 버려진 아이, 히브리 노예의 아들 모세는 바로의 공주의 아들이 되어 어엿한 젊은이로 장성했습니다. 그는 어마어마한 부와 권력을 누리며 살았습니다. 공주의 아들이었기에 다음에 왕이 될 수도 있는 위치였습니다. 유대 역사가 요세푸스(AD 37-100)에 따르면, 모세 당시의 바로에게는 아들이 없었습니다. 바로의 딸인 테르무티스 공주 역시 친자식이 없었습니다. 따라서 테르무티스 공주의 양자인 모세는 잠재적으로 다음 왕이 될 수 있는 위치에 있었습니다. 적어도 바로의 공주의 아들로서, 모세는 왕자로 대우를 받았습니다. 왕족으로서의 모든 특권과 권세를 누렸습니다. 사도행전 7:22에 보면 "모세가 애굽 사람의 학술을 다 배워 그 말과 행사가 능하더라"라고 되어 있습니다. 그는 왕족으로서 최고의 교육을 받았고, 당시 애굽의 학문을 다 배워 말과 행동에 뛰어난 인물이 되었습니다. 그는 당시의 여러 외교 언어와 수학, 천문학을 배웠습니다. 또한 군대 지도자로서도 훈련을 받았습니다. 모세가 권력의 핵심에 아주 가까이 있었다는 점은 그가 지도력과 군사 기술도 배웠다는 의미입니다. 요세푸스에 따르면, 모세가 제일 먼저 맡은 책임이 군사령관이었습니다. 나중에 그는 애굽 군대를 이끌고 에디오피아와의 전쟁에서 승리를 거두었습니다.

모세는 40년 동안 이러한 모든 특권을 누렸습니다. 그러다가 사십이 되자 뭔가가 그의 속에서 일어났습니다. 그 형제 이스라엘 자손을 돌아볼 생각이 났습니다(사도행전 7:23). 그래서 모세는 나가서 히브리 노예들이 고되게 살아가는 모습을 보았습니다(출애굽기 2:11). 히브리 노예들의 처참한 삶을 보면서 여러 가지 의문이 떠올랐습니다. 그들은 왜 여기 있는 거지? 그들의 기원과 역사와 여러 이야기에 관심을 갖고 생각하게 되었습니다. 그들에게 가해지는 부당한 대우와 고통을 목격하였습니다. 아마도 그러면서 조금씩 조금씩 그의 믿음에 불이 붙게 되었을 것입니다. 이스라엘 백성의 고난을 보면서 '자기 형제 이스라엘 자손'을 돌아보아야겠다는 생각이 들기 시작했고, 그것은 강한 확신이 되었습니다. 이러한 확신에서 마침내는 처참하게 짓밟히고 있는 히브리 노예들 편에 공공연히 서는 행동을 하게 되었습니다. 그리하여 히브리 노예 곧 자기 형제들과 운명을 같이하게 되었고, 결국 도망자가 되었습니다. 모든 것을 잃어버렸습니다. 그는 애굽의 모든 권력과 권세, 지위와 영향력을 박차고 나갔고, 놀라운 하나님의 사람이 되었습니다. 참으로 힘들었지만 위대한 선택이었습니다!

사람은 누구나 큰 영예와 지위와 권력과 부를 얻게 될 상황에 놓이게 되면 타협하고자 하는 유혹이 있게 마련입니다. 그것이 크면 클수록 자신이 그동안 확립해 온 내적 가치관과 타협하고자 하는 유혹은 더 커집니다. 이러한 세상적 특권을 누리다 보면 거기에 도취되고, 중독성이 있어 더욱 빠지게 됩니다. 그다음에 오는 유혹이 자기의 신념과 가치관과 확신을 저버리는 것입니다. 가치관이 서서히 흐려집니다. 확신을 드러내지 않고 감추며 사적인 영역으로 제한시켜 버립니다. 세상 유혹과 갈등을 일으키지 않도록 하려는 것입니다. 그 결과 가치관과 확신은 힘을 잃고 약해지다가 결국에는 '죽어' 버립니다.

우리는 모세처럼 높은 위치에 있지는 않을 수도 있습니다. 그러나 우리도 하나님께 순종할 것인지, 아니면 하나님의 계획과 충돌하더라도 그 위치에 그대로 머물러 있을 것인지 선택해야 하는 갈림길에 서게 될 것입니다. 세상에서 살아갈 때 일자리를 보전하거나 승진하기 위해서 때로는 그리스도인으로서의 영적 가치관을 적당히 타협하고자 하는 유혹을 받을 수도 있습니다. 아니면, 남들보다 앞서려고, 1등이 되려고, 길이 아닌 길로 질러가고 싶은 유혹을 받을 수도 있습니다. 모세를 기억하십시오. 그는 거절했습니다.

◆ '죄악의 낙'을 거절함

모세가 거절한 두 번째 영역은 '죄악의 낙[쾌락]'이었습니다. 그는 도리어 하나님의 백성과 함께 고난받기를 잠시 죄악의 낙을 누리는 것보다 더 좋아하였습니다(히브리서 11:25).

40년 동안 모세는 왕족으로서 온갖 쾌락을 누리며 살았습니다. 원하는 대로 무엇이든 즐길 수 있었습니다. 지적 쾌락이건, 음악이나 미술 같은 정서적인 쾌락이건, 사교적인 쾌락이건, 심지어 부도덕한 쾌락이건, 뭐든 할 수 있었습니다. 그는 자기가 누구이며, 자신의 존재 목적이 무엇인지를 깨닫기 전까지는 이 모든 것을 다 누릴 수 있었습니다. 그러나 자기의 확신을 따라 두 가지 근거에서 애굽의 모든 즐거움을 거부하는 입장에 섰습니다.

첫째는 그 즐거움의 성격 때문이었습니다. 그 즐거움은 하나님께서 정하신 '도덕적 경계선'을 넘어선 것이었습니다. 모든 즐거움이 항상 죄악 된 것은 아니지만, 히브리서 11:25 말씀은 그 즐거움에 대해서 구체적으로 '죄악'이라는 단어를 써서 '죄악의 낙'이라고 분명히 말하고 있습니다.

둘째는 죄악의 즐거움을 누리는 것이 '잠시'일 뿐임을 깨달았습니다. 죄악의 즐거움은 항상 잠시이지만 그 결과는 오래갑니다. 예를 들어 에서는 팥죽 한 그릇에 자기의 장자권을 팔아 버리는 결정을 했고 나중에 통곡하며 후회했습니다. 에서의 예는 잠시 누리는 쾌락으로 인해 치러야 하는 대가가 어떤지를 잘 보여 줍니다(창세기 25:29-34). "음행하는 자와 혹 한 그릇 식물을 위하여 장자의 명분을 판 에서와 같이 망령된 자가 있을까 두려워하라. 너희의 아는 바와 같이 저가 그 후에 축복을 기업으로 받으려고 눈물을 흘리며 구하되 버린 바가 되어 회개할 기회를 얻지 못하였느니라"(히브리서 12:16-17). 이런 말이 있습니다. "당신은 한순간에 어떤 것을 할 수 있다. 그러나 그것은 평생토록 마음에 고통을 줄 것이다."

중요한 점은 모세가 죄악의 낙에서 떠난 까닭은 그 위험성을 알아차렸기 때문입니다. 그러나 많은 사람들이 죄악을 즐기면서도 그 임박한 위험을 알아차리지 못합니다. 제리 화이트(네비게이토 선교회 국제 회장 역임)는 이처럼 임박한 위험을 알아차리는 것이 얼마나 중요한지를 동영상을 통해 생생하게 보여 준 적이 있습니다. 공군 곡예 비행단의 비행기가 땅바닥에 추락하는 장면이었습니다. 곡예 비행기는 비행 전에 얼마나 높이 날지, 얼마나 낮게 날지를 미리 계기판에 입력해 둡니다. 비행기가 높이 솟구쳤다가 거꾸로 떨어졌습니다. 멋진 장면이었습니다. 그런데 뭔가가 이상했습니다. 고도가 너무 낮았습니다. 땅과 충돌 직전이었습니다. 모든 계기판은 '정상'을 가리켰습니다. 하지만 위기 상황을 알아차린 조종사는 충돌 불과 0.8초 전에 탈출 버튼을 눌렀습니다. 그는 낙하산으로 탈출하여 살았습니다. 뼈만 몇 군데 상했을 뿐입니다. 그는 위험을 알아차렸고 그의 생명을 구했습니다.

불행히도 많은 사람들이 죄악의 낙의 심각한 위험성을 알아차리지 못합니다. 그러다가 갑자기 추락하여 파멸을 맞습니다. 오늘날 많은 젊은이들이 인터넷 게임이나 인터넷 음란물에 심취해 있습니다. 이러한 것은 그들의 영혼을 파멸로 이끕니다. 그 결과는 오래갑니다. 조금씩 조금씩 그들은 중독되어 갑니다. 그들은 죄악의 낙에 빠져 그 심각한 위험과 결과를 자각하지 못합니다. 마치 찬물이 차 있는 솥 안의 개구리와 같습니다. 불을 때어 서서히 물의 온도를 올리면 개구리는 위험을 알아차리지 못합니다. 급기야 온도가 올라가 물이 뜨거워지고 끓기 시작할 때에야 위험을 알아차리지만 그때는 너무 늦습니다. 개구리는 죽음을 맞이합니다.

때때로 순종은 단순합니다. 죄악의 길에서 떠나는 것입니다. 잠언 1:10,15에 이렇게 말씀하고 있습니다. "내 아들아, 악한 자가 너를 꾈지라도 좇지 말라. 내 아들아, 그들과 함께 길에 다니지 말라. 네 발을 금하여 그 길을 밟지 말라." 죄악의 길에서 떠나십시오!

다음에 소개하는 짧은 시는 포셔 넬슨이라는 사람이 쓴 것인데, "다섯 개의 짧은 장으로 된 자서전"이라는 제목이 붙어 있습니다. 이 시에서 잘 보여 주듯이 변화를 위해 진정 필요한 것은 파멸로 이끄는 그 길에서 단지 떠나는 것입니다.

I
길을 걸어간다.
길가에 깊은 구덩이가 있다.
거기에 빠진다.
난감하고 무력하다.
내 잘못이 아니다.
오랜 시간이 걸려 겨우 탈출구를 찾는다.

II
같은 길을 걸어간다.
길가에 깊은 구덩이가 있다.
못 본 척한다.
다시 빠진다.
이럴 수가. 같은 데 빠지다니.
그러나 내 잘못이 아니다.
많은 시간이 걸려 빠져나간다.

III
같은 길을 걸어간다.
길가에 깊은 구덩이가 있다.
그걸 본다.
또 빠진다. 습관이다.
내 눈은 멀쩡하다.

내가 서 있는 곳을 안다.
그건 내 잘못이다.
즉시 빠져나간다.

Ⅳ
같은 길을 걸어간다.
길가에 깊은 구덩이가 있다.
돌아서 간다.

Ⅴ
나는 다른 길로 간다.

◆ 세상의 '재물'을 거절함

모세가 돌아섰던 세 번째 영역은 세상의 '재물'입니다. "그리스도를 위하여 받는 능욕을 애굽의 모든 보화보다 더 큰 재물로 여겼으니 이는 상 주심을 바라봄이라"(히브리서 11:26).

'애굽의 모든 보화'가 얼마나 방대한지는 굳이 설명하지 않아도 금방 알 수 있습니다. 애굽은 당시 오랫동안 최대 문명국이요 강국이었습니다. 모세 당시 애굽의 통치 범위는 북부 수리아에서 나일강 남부의 누비아(오늘날의 수단)에 이르는 광대한 지역이었습니다. 수많은 피라미드와 유적지에서 발굴된 엄청난 부장

품과 출토물을 보면 당시 애굽의 권세와 부가 어떠했는지를 한눈에 알 수 있습니다. 예를 들어 투탕카멘의 피라미드에서는 황금으로 된 관이 발견되었고, 왕의 미라가 안치되어 있었습니다. 약 5천여 점의 유물이 발견되었는데, 그중에는 무게가 10kg이나 되는 황금 가면과 그 밖에 황금 침대, 황금으로 입힌 전차, 황금과 보석으로 장식된 왕관, 황금으로 된 신발, 기타 수많은 보석이 있었습니다. 투탕카멘은 어린 나이에 죽은 소년 왕이었을 뿐입니다. 그럼에도 불구하고 애굽의 부가 그의 치세 때 이처럼 어마어마했다면, 이 왕보다 더 영화를 누린 왕들은 쌓은 부가 얼마나 더 많을지 한번 상상해 보십시오. 모세는 이처럼 엄청난 부의 상속자였습니다. 그러나 그것을 떠났습니다. 버렸습니다. 애굽의 모든 보화보다 하나님을 따르고 순종하는 것을 더 가치 있게 여겼습니다. 참으로 놀라운 결정입니다! 참으로 위대한 하나님의 사람입니다!

세상 사람들은 재물과 부에 아주 큰 가치를 둡니다. 그래서 사람보다 돈을 더 가치 있게 여깁니다. 하나님과 하나님의 백성에 대한 사랑보다 돈을 더 가치 있게 여깁니다. 하나님과 함께하는 영원한 삶보다 돈을 더 가치 있게 여깁니다. 복음서를 보면, 부자 청년은 슬픈 기색을 띠고 근심하며 예수님을 떠나갔습니다 (누가복음 18:23, 마가복음 10:22). 큰 부자였기 때문입니다. 슬프게도 오늘날에도 세상 재물에 큰 가치를 두기에 그것을 떠나지 못하는 그리스도인들이 있습니다. 그들은 재물을 정신적, 정서적, 사회적, 영적 건강보다 더 중시합니다.

어떤 이는 이처럼 큰 부와 보화를 두고 떠나는 사람을 어리석다고 생각합니다. 그러한 이들에 대하여 19세기의 설교가인 아이작 에렛은 이렇게 말했습니다. "애굽에 있는 모세 옆에 서서 보면, 그의 선택은 어리석고 바보같이 보일 수도 있습니다. 그러나 변화산 위에서 영광스럽게 변화된 모세 옆에 서서 보면 그의 선택이야말로 단 하나의 지혜로운 선택이었음을 알게 됩니다."

그러면 부와 보화를 어떤 관점으로 바라보아야 합니까? 도움이 되는 실제적인 원리를 몇 가지 제시합니다.

1. 어떤 것의 진정한 '가치'는 그 금전적 가격에 있지 않습니다. 그것을 얻거나 지키기 위해 치른 대가가 무엇인지를 따져 보아야 합니다. 모세는 하나님과 하나님의 백성을 얻기 위해서라면 기꺼이 이 땅의 모든 보화를 포기했습니다. 잠시 있다 없어질 것을 주고 영원한 것을 얻었습니다. 존 웨슬리는 이렇게 말했습니다. "어떤 것의 진정한 가치는 영원이라는 관점에서 헤아려야 합니다." 참으로 지혜로운 권면입니다. 모세는 부의 진정한 가치와 의미를 알고 있었습니다.

반면에 앞에서 말한 부자 청년의 경우(누가복음 18:18-30),

자기의 부를 지키기 위해 치른 '대가'가 너무나 컸습니다. 그는 세상 재물을 지키기 위해 이 세상의 그 어떤 것보다 가치 있는 '하늘의 보화'를 포기하고 말았습니다. '영생'을 포기한 것입니다. 그는 영생을 얻기 위해 예수님께 왔으나, "네게 있는 것을 다 팔아 가난한 자들에게 나눠 주라. 그리하면 하늘에서 보화가 네게 있으리라. 그리고 와서 나를 좇으라"(누가복음 18:22)라는 말씀을 듣고 심히 근심하며 떠났습니다. 자기 전 재산을 포기하면서까지 영생을 얻고 싶지는 않았습니다. 그는 땅의 것을 붙들기 위해 '하나님의 나라'를 포기했습니다. 재물을 영생보다 더 귀하고 가치 있게 여긴 것입니다. 참으로 애석한 일입니다.

2. 순종을 재는 한 가지 척도는 돈을 어떻게 다루는가 하는 것입니다. 돈을 어떻게 사용하는지를 보면 순종의 삶을 살고 있는지를 알 수 있습니다. 내가 잘 아는 그리스도인은 투자회사에 다닙니다. 그는 사장들과 고액 연봉자들을 많이 만나면서 부유한 사람들의 생활 방식을 볼 기회가 많았습니다. 돈 많은 고객들을 접하면서 그들의 가치관을 받아들이라는 압력에 굴복할 수도 있었습니다. 또한 투자 상품을 파는 과정에서 그들의 생활 방식을 받아들일 수도 있었습니다. 그는 자기의 확신이 무엇인지 깊이 생각해 보게 되었습니다. 이를 통해 기본적인 가치관을 선명히 하게 되었고 그 가치관대로 살고 있습니다. 그는 자기의 확신과 가치관을 이렇게 밝힌 적이 있습니다.

1) 세상 재물의 유혹에 넘어가지 말 것.

사람의 참된 정체성은 자신이 소유한 재물로 평가되지 않습니다. 이 사실을 분명히 이해하고 있으면 세상의 모든 것을 가진 것처럼 보이는 사람들 속에서도 안전하게 인생의 바다를 항해할 수 있습니다.

2) 단순하게 살고, 수입 범위 내에서 살 것.

그는 충분히 차를 살 수 있지만 차를 소유하지 않기로 했습니다. 대중교통을 이용하면 더 싸기 때문입니다. 이런 확신을 유지한다는 게 쉽지는 않습니다. 직장 동료들은 다들 멋진 고급 차가 있기 때문입니다. 그가 이런 확신을 말한 지가 10년이 지났지만 여전히 대중교통을 이용합니다. 가정의 필요를 채우기 위해서 자신의 확신을 바꿀 때가 올 수도 있을 것입니다.

3) 재물에 대해 하나님 앞에서 선한 청지기가 되고, 하나님께 희생적으로 드릴 것.

그는 열심히 일하였기에 자기 봉급의 '가치'를 압니다. 그는 계획에 따라 헌금, 생활비, 저축 등의 항목으로 나눕니다. 헌금과 연관하여 영적 지도자인 우리에게 상의를 해오기도 하는데 이는 우리에게 기쁨이 됩니다. 현재 형편이 어렵거나 필요가 있는 선교사들이 누군지, 어떤 가치 있는 일에 드리면 좋겠는지 조언을 구하곤 합니다. 그는 같은 업계에 종사하는 그리스도인 친구들이나 동료들 중에, 하나님의 인도하심을 따라 희생적으로 후히 드리고 있는 이들을 보고 더 도전과 자극을 받고 있습니다.

> "최선을 다해 벌고, 최선을 다해 모으고, 최선을 다해 드리십시오."
> - 존 웨슬리

3. 순종은 헌금의 절대적인 양이 아니라, 하나님의 명령에 대한 굴복으로 측정됩니다. 마가복음 12:41-44에 보면, 예수님께서는 과부의 헌금에 대해 특별히 말씀하셨습니다. 과부는 겨우 동전 둘을 드렸습니다. 액수로 따지면 가치가 아주 적었지만, 하나님 앞에서는 엄청나게 컸습니다. 자기 재산 전부였기 때문입니다. 그는 형편이 아주 어려운 중에서도 자기 모든 소유 곧 생활비 전부를 넣었습니다. 따라서 헌금함에 넣는 모든 사람보다 많이 넣은 셈이었습니다. 예수님께서는 그 과부를 칭찬하셨습니다. 다른 사람들은 풍족한 중에 드렸지만, 과부는 가난한 중에 희생적으로 드렸기 때문입니다.

또한 흥미로운 사실은, 모세가 직면했던 문제들을 신구약 성경에 나오는 일반적인 시험과 비교해 보면 깊은 연관성이 있다는 것입니다(요한일서 2:15-16). 예수님께서도 동일한 시험을 받으셨습니다(누가복음 4:1-12). 이는 또한 에덴동산에서 하와가 받은 유혹이기도 합니다(창세기 3:6).

요한일서 2:15-16	하와	모세	예수님
육신의 정욕	먹음직도 하고	죄악의 낙	이 돌들에게 명하여 떡 덩이가 되게 하라
안목의 정욕	보암직도 하고	애굽의 모든 보화	천하만국을 보이며
이생의 자랑	지혜롭게 할 만큼 탐스럽기도 한	바로의 공주의 아들	하나님의 아들 이어든 여기서 뛰어내리라

2. '취하는' 선택

모세의 선택이 모두 버리는 선택만 있는 것은 아닙니다. 적극적으로 취하는 선택도 있었습니다. 히브리서 11:23-29에 보면, 적극적으로 '취한' 것이 과감히 '버린' 것과 함께 나란히 기록되어 있습니다.

> 도리어 하나님의 백성과 함께 고난받기를 잠시 죄악의 낙을 누리는 것보다 더 좋아하고. (25절)

그리스도를 위하여 받는 능욕을 애굽의 모든 보화보다 더 큰 재물로 여겼으니, 이는 상 주심을 바라봄이라. (26절)

믿음으로 애굽을 떠나 임금의 노함을 무서워 아니하고 곧 보이지 아니하는 자를 보는 것같이 하여 참았으며. (27절)

이러한 것이 모세에게 믿음으로 순종할 동기와 이유를 주었고, 올바로 선택하도록 도와주었습니다.

이제 모세가 적극적으로 취한 선택을 함께 살펴봅시다.

◆ 하나님의 백성과 영원한 세계
모세가 장성한 후에 한번은 자기 형제들에게 나가서 그 고역함을 보더니, 어떤 애굽 사람이 어떤 히브리 사람 곧 자기 형제를 치는 것을 본지라 좌우로 살펴 사람이 없음을 보고 그 애굽 사람을 쳐 죽여 모래에 감추니라. 이튿날 다시 나가니 두 히브리 사람이 서로 싸우는지라 그 그른 자에게 이르되, "네가 어찌하여 동포를 치느냐?" 하매. (출애굽기 2:11-13)

모세가 생후 3개월에서 장성할 때까지 히브리 사람과 아무 접촉이 없었을 리가 없습니다. 사도행전 7:23에 나오는 스데반의 말에 따르면, 모세가 물에서 건짐을 받아 바로의 공주의 아들이 되는 출애굽기 2:10과, 날마다 히브리 사람들과 접촉을 하는 출애굽기 2:11-13 사이에 40년이 흘렀습니다. 모세는 나이 사십이 되어 한번은 히브리 노예를 지켜 주기 위해 애굽인을 죽였습니다. 그 전에 이미 그는 히브리인들과 많은 접촉이 있었습니다. 청소년 시절부터 왕족으로서 지도력과 통치 전반에 대해 훈련을 받았기 때문입니다.

당시 모세가 처한 상황을 한번 상상해 봅시다. 우선, 모세의 출신 배경과 연관하여 이런저런 소문이 퍼져 있었습니다. 이는 피할 수 없는 사실이었습니다. 왕족과 신하들은 아들이 없는 공주가 모세를 양자로 삼았다는 것을 알고 있었습니다. 왕궁에서 일하는 종들까지도 이 갓난아기가 왕가의 사람들과는 뭔가 다르다는 점을 눈치 챘습니다. 사람들은 이런 사건이 있으면 으레 이런저런 말들을 많이 하고 뒤에서 수군거리게 마련인데, 모세의 귀에도 흘러들어 갔습니다. 모세는 아름다운 외모(히브리서 11:23)를 지녔지만, 사람들이 보기에 얼굴 모양이나 피부색이 전형적인 애굽인과는 달랐습니다. 그것은 곧 히브리인들 사이에도 널리 알려진 공공연한 비밀이 되었습니다. 출애굽기 2:14의 히브리 노예의 말에서 그것을 알 수 있습니다.

모세 자신도 성장 과정의 어느 시점에서 자신이 애굽인과는 다르다는 사실을 알아차렸습니다. 이를 계기로 그는 깊이 생각을 하게 되었습니다. '나는 누구지? 왜 다르지? 어디서 왔지?' 마침내 히브리인인 자기가 공주의 아들이 된 배경을 알게 되고,

스스로 궁극적인 질문을 하게 되었습니다. '나는 어디에 속해야 하는가?'

모세는 권세 있는 지위에 있으면서 히브리인들을 접촉할 기회가 많았고, 그들의 내력과 신앙을 알아보았습니다. 그들의 문화와 생활 방식이 일반 애굽인들과는 뭔가 다른 것을 보았습니다. 그들이 지나온 이야기를 들었습니다. 거기에는 그들의 신앙이 그대로 배어 있었습니다. 그들의 조상들에 대해서도 들었습니다. 그 조상들은 보이지 아니하시는 영광스런 하나님을 믿고 따랐습니다. 그 하나님의 지시를 따라 갈대아 우르를 떠나 정처 없이 떠돌다가 가나안으로 왔고, 마침내는 애굽으로 오게 되었습니다. 그는 그들이 어떻게 하나님께 택함을 받고 특권을 누리던 백성에서 이제는 착취를 당하는 노예 신세가 되었는지도 들었습니다.

물론 위에서 말한 내용은 성경에 기록되어 있지 않습니다. 추측이지만 전혀 터무니없는 이야기는 아닙니다. 성경에는 출애굽기 2:11-14에 두 번의 접촉만 기록되어 있습니다. 이 이틀간의 방문이 첫 접촉이라기보다는 마지막 접촉임을 알 수 있습니다. 자기가 누구인지를 발견하고 자기 확신을 구체적으로 확립해 온 수십 년 세월의 마지막이었던 셈입니다.

모세 앞에 놓인 선택의 길은 분명하고 간단했습니다. 그러나 선택하기는 어려웠습니다. 애굽에서 모든 특권을 누리며 살 것인가, 아니면 하나님의 백성과 함께 아무것도 없이 고난받는 삶을 살 것인가? 물질적인 관점에서 저울질해 보면 너무나 한쪽으로 기울어져 있습니다. 한쪽에는 그가 가진 모든 것이 있습니다. 지위, 권력, 명성, 부 등등. 다른 쪽에는 아무것도 없습니다. 고난, 고통, 불확실한 미래뿐입니다. 어느 쪽으로 마음이 기울겠습니까? 사람이라면 당연히 무엇을 선택하겠습니까? 어느 시대를 막론하고 제정신이 있는 사람이라면 당연히 전자를 택할 것입니다. 그런데 반대쪽에는 한 가지 다른 요소가 있었습니다. 곧 하나님과 하나님의 백성에게 속하는 것입니다. 하지만 이 한 가지 요소가 너무도 크고 중해서 모세가 가진 모든 물질적 요소를 합해 놓은 것보다 더 무거울 정도였습니다. 모세의 계산에 의하면, 죄악의 낙은 잠시 동안만 누릴 수 있을 뿐이었습니다. 아무리 길어도 사람이 살아 있을 동안만 누릴 수 있는 것입니다. 모세의 생각에는 잠시뿐인 이 세상 죄악의 낙을 영원한 세계와 대조하여 생각한다는 것 자체가 어리석은 일이었습니다. 이 세상의 권력과 쾌락을 다 잃는다 해도 하나님은 그 모든 것보다 더 가치가 있었습니다. 영원한 세계는 그가 하나님과 하나님의 백성 편에 서기 위해 치러야 하는 모든 고난과 고통보다 더 가치가 있었습니다.

이 이야기에 극적인 요소를 더하기 위해, 모세가 애굽 사회에서 향유한 지위를 거절하기가 과연 쉬웠을지 한번 생각해 봅시다. 지위를 포기할 때 따르는 큰 희생은 제쳐 두더라도, 바로의 공주의 아들이라 칭함을 거절하는 게 쉬웠을까요? 마음에 갈등이 없었을까요? '양어머니를 정말로 떠나야 하나? 버려진 나를 물에서 건져 내어 데려가 아들로 삼고 지금까지 애지중지 길러 주신 분인데. 정말 당신이 직접 낳은 아들처럼 대해 주셨는데…' 성경에 모세를 일컬어 '왕자'라는 말 대신 '바로의 공주의 아들'이라고 하는 것을 통해 짐작할 수 있는 점은, 모세가 애굽인을 쳐 죽이고 도망갈 때까지도 양어머니가 살아 있었을 수도 있습니다.

또한 심리적 차원에서 치른 대가도 있을 수 있습니다. 스데반은 사도행전 7:22에서 애굽인으로서의 모세에 대해 이렇게 말했습니다. "모세가 애굽 사람의 학술을 다 배워 그 말과 행사가 능하더라." 이처럼 말에 능했던 사람이 나중에 자신에 대해 '본래 말에 능치 못한 자, 입이 뻣뻣하고 혀가 둔한 자'라고 했습니다(출애굽기 4:10). 이 말은 모세가 이스라엘 백성을 인도해 내라는 하나님의 부르심을 회피하기 위해 변명으로 한 말입니다. 왜 그렇게 되었을까요? 아마도 마음속에서 겪은 정체성 위기에서 비롯된 내적 갈등으로 혹시 말을 더듬게 된 것은 아닐까 하고 추측하는 이들도 있습니다.

마침내 모세는 하나님의 백성과 동일시하기로 선택했습니다. 여기에는 많은 의미가 담겨 있었습니다. 그는 자신이 '그들' 중의 하나라는 사실을 깨달았습니다. 그들은 단지 보잘것없고 불쌍한 자들이 아니었습니다. 자기와는 다른 세계에서 사는, 고통받는 이방인 노예가 아니었습니다. 그들은 '하나님의 백성'이었습니다. 그는 지금까지 애굽인으로 교육을 받고 애굽인으로 살아왔는데, 이제 애굽인으로서의 정체성 대신 히브리인으로서의 정체성을 받아들였습니다. 이러한 정체성과 아울러, 유일하신 참하나님에 대한 그들의 신앙을 받아들이고, 애굽인들의 모든 우상 숭배를 버렸습니다. 이 중대한 결정을 한 후 그는 지체하지 않고 곧바로 행동으로 옮겼습니다. 마침내는 애굽인의 부당한 행동을 보고 의분을 느껴 히브리인을 괴롭히는 그 애굽인을 죽이고 하나님의 백성 편에 섰습니다.

이런 말을 할 수도 있습니다. "모세도 요셉처럼 될 수 없었을까요? 애굽 사회에서 뿌리를 내리고 지도자로서의 역할을 수행할 수도 있었을 텐데. 모든 것을 잃지 않아도 되었을 텐데." 물론입니다. 그는 완벽한 내부자가 될 수도 있었습니다. 그 점이 모세 자신이 심사숙고했던 사항 중 하나였을 수도 있습니다. 그러나 그는 이를 거부했습니다. 그 이유는, 히브리 노예들과의 접촉 과정에서 조상들에 대해 알게 되었고, 요셉의 유언도 알게 되었기 때문입니다. "요셉이 그 형제에게 이르되, '나는 죽으나 하나님이 너희를 권고하시고 너희를 이 땅에서 인도하여 내사 아브라함과 이삭과 야곱에게 맹세하신 땅에 이르게 하시리라' 하고, 요셉이 또 이스라엘 자손에게 맹세시켜 이르기를, '하나님이 정녕 너희를 권고하시니 너희는 여기서 내 해골을 메고 올라가

겠다 하라' 하였더라"(창세기 50:24-25). "믿음으로 요셉은 임종 시에 이스라엘 자손들의 떠날 것을 말하고 또 자기 해골을 위하여 명하였으며"(히브리서 11:22). 요셉의 유언은 그들이 애굽에서 나갈 때 자기 뼈를 가지고 나가 약속의 땅에 묻어 달라는 말이었습니다. 그 땅은 하나님께서 아브라함과 이삭과 야곱에게 약속하신 땅이었습니다. 당시 애굽은 지상에서는 낙원과 같은 곳이었습니다. 그러나 약속의 땅은 아니었습니다!

모세는 애굽에서 도망하여 미디안 광야에서 제2의 인생을 보냈습니다. 40년의 세월이었습니다. 이 40년 동안 하나님께서는 모세를 훈련하신 후 다시 애굽으로 돌려보내셨습니다. 애굽으로 돌아간 모세는 바로를 대면했습니다. 전에 그의 친척이었던 사람입니다. 모세는 바로에게 강하게 요구합니다. "내 백성을 보내라!"(출애굽기 8:20 참조). 하나님의 백성이 그의 백성이 되었습니다. 이는 그의 선택으로 된 것입니다.

모세가 하나님의 백성과 동일시한 점을 통해 우리는 많은 교훈을 배우게 됩니다. 그는 애굽의 권력 핵심부인 특권적 지위에서 떠나 하나님 백성의 일원이 되었고, 하나님의 공동체에서 중심적인 지도자가 되었습니다. 이와 반대로, 그리스도인들 중에는 하나님의 공동체에 속해 있으면서도 세상적 지위와 정체성을 동경하여 자기가 떠나 왔던 세상으로 서서히 다가가는 이들이 있습니다. 그래서 사고방식과 생활 방식에서 하나님의 백성보다는 세상 사람들을 더 닮아 갑니다. 물론 그리스도인들이 세상 사람들과 격리되어 살 수는 없습니다. 하지만 우리가 누구의 것이며 누구를 섬기고 있는지를 분명히 알아야 합니다. 그래야 세상 '안에' 있으면서도 세상에 '속하지' 않을 수 있습니다. 우리는 세상에 있되 세상에 속한 자가 아니요, 하나님께 속한 자입니다(요한복음 15:19).

믿음의 공동체의 중심에 계속 거하기 위해서는 경건한 그리스도인들과 교제를 나누며 함께 성경 말씀을 공부하는 것이 꼭 필요합니다. 이를 등한히 하는 그리스도인들을 너무도 자주 보는데, 참으로 안타까운 일입니다. 경건한 교제와 성경공부는 세상 속에서도 하나님께 속한 자로 살아가도록 도와줍니다.

◆ 그리스도를 위하여 능욕을 받음

히브리서 11:26에 보면 모세는 '그리스도를 위하여' 능욕을 받는 것을 선택했다고 했습니다. '그리스도를 위하여'라는 말씀이 흥미를 끕니다. 모세가 그리스도를 위하여 능욕을 받았다는 것입니다. 모세는 하나님의 백성이 겪는 고난과 긴밀히 동일시하시는 그리스도를 내다본 것입니다. 이는 이사야 63:9에 기록된 바와 같습니다. "우리가 곤경에 빠지면 함께 고난을 받으시고 천사들을 보내어 우리의 어려움을 해결하여 주셨습니다. 우리를 주의 백성으로 선택하신 날부터 오늘날까지 그토록 오랜 세월 동안 주께서는 항상 우리를 불쌍히 여기시고 사랑하시며 온갖 궁지에서 해방시키시고 언제나 우리를 품에 안고 다니셨습니다"(현대어 성경). 나중에 모세는 하나님께서 자기와 같은 선지자를 일으키실 것이라고 예언했습니다(신명기 18:15,18). 모세도 그 시절에 아브라함처럼 그리스도를 바라보았습니다. 아브라함에 대해서 요한복음 8:56-58에 이렇게 말씀하고 있습니다. 예수님께서 아브라함을 칭찬하시면서 하신 말씀입니다.

"너희 조상 아브라함은 나의 때 볼 것을 즐거워하다가 보고 기뻐하였느니라." 유대인들이 가로되, "네가 아직 오십도 못되었는데 아브라함을 보았느냐?" 예수께서 가라사대, "진실로 진실로 너희에게 이르노니, 아브라함이 나기 전부터 내가 있느니라" 하시니.

믿음의 눈으로 아브라함과 모세는 오실 메시야를 바라보았습니다! 이처럼 그리스도에 대한 비전이 있었기에 그들은 올바른 선택을 하며 하나님의 뜻을 행할 수 있었습니다. 모세의 경우, 애굽의 모든 보화는 그리스도에 비하면 아무것도 아니었습니다. 믿음으로 순종을 선택할 때 그리스도만 있다면 어떤 능욕을 받게 되더라도 괜찮았습니다. 그는 자기의 보화가 무엇인지를 알았습니다. 그의 진짜 보화는 그리스도였습니다. 그래서 그리스도를 위하여 받는 능욕을 애굽의 모든 보화보다 더 큰 재물로 여겼습니다.

신약에서 사도 바울도 그리스도에 대하여 동일한 비전과 믿음을 가지고 있었습니다.

그러나 무엇이든지 내게 유익하던 것을 내가 그리스도를 위하여 다 해로 **여길** 뿐더러 또한 모든 것을 해로 **여김**은 내 주 그리스도 예수를 아는 지식이 가장 고상함을 인함이라. 내가 그를 위하여 모든 것을 잃어버리고 배설물로 **여김**은 그리스도를 얻고 그 안에서 발견되려 함이니, 내가 가진 의는 율법에서 난 것이 아니요 오직 그리스도를 믿음으로 말미암은 것이니 곧 믿음으로 하나님께로서 난 의라. 내가 그리스도와 그 부활의 권능과 그 고난에 참예함을 알려 하여 그의 죽으심을 본받아 어찌하든지 죽은 자 가운데서 부활에 이르려 하노니. (빌립보서 3:7-11)

이 구절에 보면 바울은 '여긴다'는 말을 세 번 사용하여 자신의 선택을 말하고 있습니다. '여긴다'는 말은 주의 깊게 계산하거나 비교한다는 뜻입니다. 이 말에는 마음속으로 주의 깊게 저울질하고 숙고하여 선택한다는 뜻이 들어 있습니다. 그는 지금까지 자기에게 유익하던 모든 것과 그리스도를 비교하여 보았습니다. 그 결과 그리스도를 얻기 위하여 모든 것을 다 해로 여겼습니다. 전에 자기에게 큰 가치가 있었던 모든 것을 이제는 '배설물'로 여겼습니다. 그것은 그리스도를 얻는 데에는 아무 쓸모가 없었습니다. 이전의 종교적 배경과 유산, 명성, 지위, 인정 따위는 그리스도를 추구하는 데에는 아무 가치가 없었습니다.

그래서 심지어 배설물처럼 여겼습니다. 바울의 생의 목표는 오로지 예수님을 아는 것이었습니다. 세월이 갈수록 그리스도를 더욱더 깊이 아는 것, 이것이 그의 평생소원이었습니다. 그는 세 가지 차원에서 그리스도를 알기를 원했습니다.

1. 그는 구세주 되신 예수님을 알기를 원했습니다. "그 안에서 발견되려 함이니, 내가 가진 의는 율법에서 난 것이 아니요 오직 그리스도를 믿음으로 말미암은 것이니 곧 믿음으로 하나님께로서 난 의라"(9절). 그는 항상 그리스도 안에서 발견되기를 원했습니다. 자기 과거의 영적 성취에 의지하여 현 상태로 만족하려 하지 않았습니다.

2. 그는 주님 되신 그리스도를 알기를 원했습니다. "또한 모든 것을 해로 여김은 내 주 그리스도 예수를 아는 지식이 가장 고상함을 인함이라. 내가 그를 위하여 모든 것을 잃어버리고 배설물로 여김은 그리스도를 얻고"(8절). 그의 목표는 그리스도를 얻는 것이었습니다. 그리스도의 모든 것을 소유하는 것이었습니다. 그리스도께서 그의 삶을 주관하고 다스리며 이끌어 가기를 원했습니다.

3. 그는 그리스도와의 온전한 연합 속에서 그리스도를 더욱더 깊이 알기를 원했습니다. "내가 그리스도와 그 부활의 권능과 그 고난에 참예함을 알려 하여 그의 죽으심을 본받아 어찌하든

지 죽은 자 가운데서 부활에 이르려 하노니"(10절). 그의 목표는 그리스도를 온전히 본받는 것이었습니다. 이를 위해 부활하신 그리스도를 알기 원했고 그리스도의 고난에 참여하기를 원했습니다. 할 수 있다면 죽음에 이르는 데까지 예수님의 고난에 동참하기를 원했습니다.

모세와 바울, 그리고 성경의 역사에 등장하는 셀 수 없이 많은 사람들의 삶을 보면서 결론지을 수 있는 점은, 그리스도를 따르는 우리 각 사람이 모든 것을 버리는 선택을 해야 할 때가 반드시 온다는 사실입니다. 예수님께서는 우리가 치러야 할 대가를 낮추지 않으셨습니다. 누가복음 14:33에서 이렇게 말씀하셨습니다. "이와 같이 너희 중에 누구든지 자기의 모든 소유를 버리지 아니하면 능히 내 제자가 되지 못하리라."

◆ 보이지 아니하시는 하나님을 봄

모세가 하나님을 믿고 순종하기로 결정한 것은 보이지 아니하시는 하나님을 볼 수 있었기 때문입니다. 이는 아주 중요한 의미가 있습니다. 한적하고 침묵이 감도는 광야. 하나님께서는 불타는 떨기나무 가운데서 모세에게 자신을 나타내셨습니다. 모세는 광야의 불타는 떨기나무 가운데서 하나님의 영광을 보았고, 하나님의 임재를 느꼈습니다(출애굽기 3:5-6). 이것이 그를 완전히 바꾸어 놓았습니다. 바로를 두려워하지 않게 되었고, 어떤 어려움도 참고 견디어 낼 수 있었습니다. 그는 하나님과 그리스도의 영광을 본 사람들의 명단에 들게 되었습니다. 아브라함, 다윗, 이사야, 사도들, 바울 등이 그런 사람들입니다.

예수님께서는 마음이 청결한 자는 하나님을 볼 것이라고 말씀하셨습니다(마태복음 5:8). 번쩍거리는 세상 보화에 눈이 멀거나 이 세상의 매력적인 것에 마음이 끌리면 보이지 아니하는 세계를 볼 수 없습니다. 보이지 않는 이 영원한 세계는 바로 우리 곁에 실재합니다. 모세는 '참눈'을 가지고 있었기에 눈과 마음을 미혹하는 이 세상의 보이는 것들 너머에 있는, 보이지 않는 영원한 세계를 보았습니다. 그는 믿음의 눈으로 하나님을 보았습니다.

오늘날 우리도 하나님을 보고자 하는 목표로 말씀을 읽고 공부해야 합니다. 하나님을 깊이 알기 위하여 기도 가운데 하나님을 찾으십시오. 하나님께서 다스리시는 보이지 아니하는 세계가 있습니다. 보이지 아니하시는 하나님은 믿음과 순종의 눈을 통해서만 볼 수 있습니다. 이처럼 친밀하게 하나님을 알게 되면, 순종이 더 쉬워집니다. 모세는 보이지 아니하시는 하나님을 보았기 때문에 믿음과 섬김의 여정에서 참았습니다.

◆ 참음으로 섬김

모세는 이스라엘 백성을 애굽에서 인도해 내라는 부르심을 받았습니다. 그러나 순종의 과정에서 많은 문제에 부딪혔습니다. 수많은 난관이 기다리고 있었습니다. 그는 믿음으로 이 모든 것을 참고 견디어 냈습니다.

한 히브리 노예를 편들다가 애굽인을 죽였고, 이 일이 탄로 나자 자신을 죽이려고 찾는 바로를 피하여 광야로 도망갔습니다. 광야에서 40년 동안 살았습니다. 이는 그를 위한 하나님의 훈련 프로그램과 같았습니다. 그리고 이스라엘을 인도하여 출애굽을 시작했을 때, 바로와 그 군대가 모세를 막으려고 했습니다.

모세가 맞닥뜨린 여러 문제는 단지 외부의 적으로부터만 온 것이 아니었습니다. 그가 이스라엘 백성을 이끌려고 하자 하나님의 백성이 거부했습니다. 그의 권위와 능력에 의문을 던졌습니다. 누이인 미리암까지도 반기를 들었고, 형인 아론은 이스라엘을 우상숭배로 이끌어 갔습니다.

순종이란 결코 쉽지 않습니다. 치러야 할 값이 만만치 않습니다. 하나님의 대적자들 때문에 치러야 할 것도 있고, 오해하는 신자들이나 심지어 자기 가족들로 인하여 치러야 하는 값도 있습니다. 이러한 여러 도전에도 불구하고 모세는 참았고 하나님의 백성을 애굽에서 인도해 내는, 출애굽이라는 불가능한 일을 했습니다. 이스라엘을 바로와 그 군대로부터 해방시키는 놀라운 기적을 경험했고, 출애굽 하는 전 과정을 통해 하나님께서 행하신 수많은 기적을 목격했습니다.

중간 길은 없음

　모세의 삶은 놀라운 반전의 연속입니다. 노예의 아들이었다가 공주의 아들이 되었습니다. 초라한 장막에서 태어나 왕궁에서 살았으며, 가난을 물려받았으나 무한한 부를 누렸습니다. 군대를 이끄는 자였으나 양 떼를 지키는 자였습니다. 최강의 전사였으되 가장 온유한 자였습니다. 왕궁에서 교육을 받고 광야에서 거주했습니다. 애굽의 지혜를 가졌으되 어린아이 같은 믿음을 소유했습니다. 도시에 맞는 사람이었으나 광야에서 배회했습니다. 죄악의 낙으로 시험을 받았으나 의를 위한 핍박과 고난을 견뎌 냈습니다. 말에서는 퇴보했으나 하나님과 대화했습니다. 목자의 막대기를 가졌으되 전능하신 하나님의 능력이 있었습니다. 바로에게서 떠나온 도망자였으나 천국에서 보낸 사신이었습니다. 율법을 준 사람이었으나 은혜의 선구자였습니다. 모압의 산에서 홀로 죽었으나 유대의 변화산에서 그리스도와 함께 나타났습니다. 아무도 그의 장례식에 참석하지 않았으나 하나님께서 그를 장사지내 주셨습니다.

- I. 홀드먼(1845-1933)의 "출애굽기 묵상집"에서

　세상과 그리스도 사이에 중간 길이 있었으면 하고 바라는 그리스도인들이 종종 있습니다. 그 길로 가면 세상의 가치관도 따르면서 동시에 그리스도도 따를 수 있다는 생각에서입니다. 불행히도 그들은 세상과 타협하다가 결국은 제자의 길에서 떠납

니다. 중간 길이란 없습니다. 그런 길을 가려고 시도하다가는 마음에 고통과 슬픔만 겪을 뿐입니다. 그 끝은 불행과 파멸입니다. 하나님의 말씀을 거스르며, 자신의 양심을 마비시키기 때문입니다. 이 길로도 가고 저 길로도 가고 두 길로 갈 수는 없습니다. 길은 갈라집니다. 양다리 걸친 삶을 살지 마십시오. 한 발은 이 배에, 한 발은 저 배에 딛고 서서 앞으로 똑바로 나아가려고 하는 장면을 상상해 보십시오. 이는 불가능합니다.

순종에는 '버리는' 선택이 내포되어 있습니다. 어떤 것을 하지 않거나 거절하기로 결정하는 것입니다. 이를테면 세상적 지위나 쾌락, 재물 등을 단호히 버리는 것입니다. 모세처럼 이런 것을 떠나야 합니다.

순종에는 또한 적극적으로 '취하는' 선택도 포함되어 있습니다. 하나님의 백성과 동일시하며, 그리스도와 동일시하기를 선택해야 합니다. 보이지 아니하시는 하나님을 보기를 선택해야 합니다. 이러한 적극적 요소들은 하나님께 순종하고자 하는 올바른 동기와 열망을 불어넣어 줍니다.

순종은 선택이긴 하지만 불순종의 대가는 큽니다. 많은 사람들의 삶에 악영향을 미칠 수도 있습니다(로마서 5:12,19). 선택은 피할 수 없습니다. 어떤 선택은 영원한 결과를 가져옵니다. 올바로 선택하십시오. 하나님께 순종하기로 선택하십시오.

묵상 및 적용

1. 다음 중에서 당신에게 가장 큰 영향을 미치는 영역은 무엇입니까?

   육신의 정욕: 음란물, 정욕적인 생각…

   안목의 정욕: 물질주의, 인색, 탐심…

   이생의 자랑: 1등이 됨, 어떤 값을 치르더라도 사람의 인정을 얻음…

2. 경험상 이러한 유혹을 만났을 때 당신에게 가장 도움이 된 것은 무엇입니까?

3. 모세는 하나님께 순종하기 위하여 큰 값을 치렀습니다. 당신의 상황에서 불순종이 치르는 대가를 평가해 볼 때 모세의 본은 어떤 도움을 줍니까?

주님의 얼굴을 바라보며 "예, 주님. 어떤 값을 치르더라도 순종하겠습니다"라고 말한다면, 그 순간 주님께서는 당신의 삶을 주님의 임재와 능력으로 흘러넘치게 하십니다.

- 앨런 레드패스

5

마리아의 사랑: 옥합을 깨뜨리다

갈수록 우리 문화에서 '인색함'이라는 말이
성공적인 비즈니스, 빈틈없는 일 처리,
이윤 보장 등과 동의어가 되어 가고 있다는 사실은
참로로 안타까운 일이 아닐 수 없습니다.
남들이 널리 알아주지 않는다면,
다른 사람들에게 긍휼을 베풀거나
후히 베푸는 일도 아름다운 일이 아니라
'비경제적'인 일일 뿐이라고 매도합니다.
우리의 한정된 자원과 시간과 에너지를
마구 먹어 치운다는 이유에서입니다.
- 일레인 스토키

마리아의 사랑: 옥합을 깨뜨리다

3예수께서 베다니 문둥이 시몬의 집에서 식사하실 때에, 한 여자가 매우 값진 향유 곧 순전한 나드 한 옥합을 가지고 와서 그 옥합을 깨뜨리고 예수의 머리에 부으니, 4어떤 사람들이 분내어 서로 말하되 "무슨 의사로 이 향유를 허비하였는가? 5이 향유를 삼백 데나리온 이상에 팔아 가난한 자들에게 줄 수 있었겠도다" 하며 그 여자를 책망하는지라, 6예수께서 가라사대 "가만 두어라. 너희가 어찌하여 저를 괴롭게 하느냐? 저가 내게 **좋은 일[아름다운 일, NIV]**을 하였느니라. 7가난한 자들은 항상 너희와 함께 있으니 아무 때라도 원하는 대로 도울 수 있거니와 나는 너희와 항상 함께 있지 아니하리라. 8저가 힘을 다하여 내 몸에 향유를 부어 내 장사를 미리 준비하였느니라. 9내가 진실로 너희에게 이르노니 온 천하에 어디서든지 복음이 전파되는 곳에는 이 여자의 행한 일도 말하여 저를 기념하리라" 하시니라. (마가복음 14:3-9)

마리아는 '매우 값진 향유'를 예수님께 부었습니다. 이는 '지극히 비싼 향유'였고, '매우 귀한 향유'였습니다. 이런 마리아의 행동을 기록한 내용이 복음서에 세 군데 나옵니다(마가복음 14:3-9, 마태복음 26:6-13, 요한복음 12:1-11). 이렇듯 그 향유는 지극히 비싸고 매우 귀한 것이었습니다. 양도 아주 많았습니다. 마리아는 이 귀하고 비싼 향유를 아낌없이 예수님을 위해 드렸습니다. 예수님께 대한 사랑과 희생에서 나온 드림이었습니다. 마태복음과 마가복음에서는 그 여자의 이름을 밝히지 않고 있는데, 요한복음에서는 베다니의 마리아라고 분명히 이름을 밝힙니다. 마르다와 나사로의 여동생입니다. 성경은 마리아를 경배와 헌신이라는 아름다운 일을 한, 희생적인 사람으로 기록하고 있습니다.

이 사건은 매우 단순하고 짧습니다. 마리아라는 여자가 향유 옥합을 가지고 와서 그것을 깨뜨려 향유를 예수님께 부었습니다. 제자들은 비싼 향유를 허비한다고 책망했습니다. 그러나 예수님께서는 크게 칭찬하셨습니다. 곧 있을 예수님의 죽음과 장례를 미리 알고 준비한 것이라고 하셨습니다. 마리아의 행동이 갖는 중요한 의미가 무엇이며, 그리고 왜 예수님께서 마리아를 아주 크게 칭찬하셨는지 그 이유를 알기 위해서는 이 사건의 몇 가지 핵심적인 면을 좀 더 자세히 알아볼 필요가 있습니다.

헌물의 가치

이 향유 옥합에 대해, 마태복음에서는 "매우 귀한 향유 한 옥합"이라고 했고, 요한복음에서는 "지극히 비싼 향유 곧 순전한 나드 한 근"이라고 했으며, 마가복음에서는 "매우 값진 향유 곧 순전한 나드 한 옥합"이라고 했습니다. 더욱이 그 향유의 가격은, 제자들의 말에 따르면, 적어도 300데나리온 이상의 값이 나가는 것으로 추정되었습니다. 300데나리온이면 그 당시 노동자의 1년 치 임금에 해당되는 금액이었습니다. 당시 일용직 노동자의 하루 품삯이 1데나리온이었습니다. 유다가 이 가격을 말했는데, 물건의 가치를 한눈에 알아보는 풍부한 안목이 있었습니다. 그는 예수님 팀의 회계 담당이었습니다. 향유는 오늘날도 여전히 비싸지만, 과거에는 더 비쌌습니다. 왜냐하면 아주 먼 곳에서 수입되었기 때문입니다. "순전한 나드"라고 했는데, 이 향유는 히말라야나 인도 산지에서 자생하는 향이 좋은 다년생 식물의 뿌리와 줄기에서 채취한 값비싼 고급 향유였습니다.

물건의 가치는 대개 그 양이나 부피로도 추측할 수 있는데, 요한은 "지극히 비싼 향유 곧 순전한 나드 한 근"이라고 했습니다. 한 근은 대략 327g입니다. NIV 각주에는 500ml와 맞먹는다고 했습니다. 500ml라고 하면 그리 많아 보이지 않을 수도 있으나, 지극히 비싼 향유가 500ml라고 했다는 점을 기억하십시오. 향수는 오늘날에도 일반적으로 작은 병에 넣어 판매됩니다. 향수

병의 크기가 일반적으로 30ml들이인 점을 생각하면 상당히 많은 양임을 알 수 있습니다.

또 하나, 예수님께 부은 그 향유 값을 "300데나리온 이상"이라고 추정했는데, 너무 많이 매긴 게 아닌가 하는 생각이 들 수도 있습니다. 그러나 진짜 가치는 훨씬 더 나갈 것입니다. 당시 300데나리온이면 노동자의 1년 치 봉급에 해당합니다. 하지만 1년 치 봉급이라는 말에 내포된 의미는 단지 1년만의 봉급은 아닐 것입니다. 마리아에게는 지금까지 평생 모은 돈을 나타내는 것일 수도 있습니다. 이 이야기를 오늘날로 바꾸어 생각해 봅시다. 당신 회사의 여직원에게 1년 연봉에 해당하는 금액을 모으려면 얼마나 걸릴지 물어 본다면 뭐라고 대답할까요? 1년 치 연봉에 해당하는 금액을 모으려면, 아마도 수년에서 수십 년을 저축해야만 할 것입니다. 헌금도 하고, 각종 세금과 공과금도 내고, 먹을 것도 사고, 옷도 사고, 대출금도 갚고… 등등 지출할 곳이 많을 터입니다. 거기다가 만만치 않은 의료비도 있고, 예기치 않은 비용 지출들도 있습니다. 잘 알고 있듯이, 수입이 적을수록 저축할 수 있는 여윳돈이 더 적습니다. 아끼고 아끼어 남겨서 나중에 쓰려고 저축하곤 합니다. 그 향유 옥합이 어쩌면 마리아가 평생 저축한 돈이라고 해도 과장이 아닐 것입니다. 마리아가 그 비싼 향유를 예수님께 붓는 모습을 보고 제자들의 눈이 튀어나왔던 이유가 바로 여기에 있습니다. 다른 유형의 '드림'과 비교해 보면 이러한 '드림'이 흔치 않다는 사실을 알 수 있습니다.

'드림'의 세 가지 유형

'드림'은 세 가지 유형으로 나눌 수 있습니다.

첫째는 '상징적 드림'입니다. 우리가 주님께 바치는 헌물 또는 헌금은 대부분 상징적입니다. 우리는 할 수 있는 대로 많이 드리기를 원합니다. 그 열망을 대표해서 우리 소유의 일부를 드린다는 점에서 상징적이라 할 수 있습니다. 우리는 때로 자기의 소유 전부를 드리려는 열망이 있습니다. 그 열망을 상징하여 특별 헌금을 하기도 합니다. 주님께 정기적으로 드리는 헌금은 여기에 속한다고 할 수 있습니다.

두 번째는 '희생적 드림'입니다. 이렇게 드리기 위해서는 많은 값을 치러야 한다는 점에서 '희생적'이라 할 수 있습니다. 이 유형의 드림은 말 그대로 희생이 따릅니다. 헌금 또는 헌물의 분량과 가치가 상당히 크다는 사실을 의미합니다.

세 번째는 '헌신적 드림'입니다. 이 유형의 드림은 희생적일 뿐 아니라, 한 사람의 생명과 삶을 헌신하여 드리는 것을 나타냅니다. 로마서 12:1에 나오는 "산제사"의 개념과 같다고 할 수 있습니다.

이 세 가지 범주는 드리는 횟수도 다르고 양도 다릅니다. 상징적 드림이 가장 일반적이고, 그다음에 희생적 드림, 그다음에 헌신적 드림이 따릅니다.

상징적 드림

우리 부부가 막 결혼을 하고 대학생을 대상으로 사역을 하고 있을 때였습니다. 정말 신나고 즐겁고 날마다 가슴이 설레었습니다. 이 사역을 통해 많은 학생들이 그리스도를 믿고 알게 되었습니다. 그 과정에서 하나님의 손이 역사하시는 것을 보았습니다. 그중 많은 이들이 지금까지도 하나님과 동행하는 삶을 살고 있습니다. 하루는 한 학생이 우리 집으로 찾아왔습니다. 늘 밝고 열정적인 학생이었습니다. 언제나 활짝 웃고 다녔습니다. 손에는 봉투가 하나 들려 있었는데, 우리에게 건네며 말했습니다. "하나님께서 제게 특별 헌금을 드리라고 하셨습니다. 통장의 돈을 다 찾았습니다. 그 돈을 헌금하려고 합니다." 봉투를 열어 보니 빳빳한 지폐가 한 묶음 들어 있었습니다. 그 학생은 요샛말로 하면 자기 돼지 저금통을 깬 것이었습니다. 아내와 나는 충동적으로 헌금을 하는 사람들을 종종 보았지만 이는 충동적인 헌금이 아니었습니다. 그 학생 집이 잘 사는 집이기는 했지만 이만한 양의 돈이면 학생에게는 큰돈이었습니다. 이러한 유형의 헌금이 상징적 헌금이라고 생각합니다. 이는 하나님께 순종하려는 그의 열망을 상징합니다. 현재 가진 모든 돈을 드리라고 말씀하신 하나님께 순종한 것입니다.

많은 이들이 진정한 의도를 가지고, 때로는 상징적으로 드리기도 하고, 때로는 자신이 가지고 있는 모든 것을 드리기도 합니다. 우리는 돈으로 대표되는 물질만이 아니라 자신의 귀한 시간과 에너지를 드림으로써 섬깁니다. 매월 정기적으로 헌금을 드릴 때 상징적으로 드리고 있는 셈입니다. 하나님께 헌금을 하고 있다는 확신을 가지고 합니다. 때로는 정기적으로 드리는 헌금 외에 더 드릴 수도 있습니다. 하나님께서 우리 마음에 얹어 주신 여러 필요를 채우기 위해서입니다. 우리가 잃어버린 자들에게 나아가 복음을 전하기 위해 시간과 노력을 들이며 그들에게 하나님의 사랑을 전할 때 각각의 섬김의 행위는 상징적입니다. 하나님을 예배하고 섬기며 다른 사람들에게 선을 행하려는 마음의 열망을 대표한다는 점에서 그렇습니다. 우리가 그것만 하는 것은 아닙니다. 그러나 각각의 섬김의 행동은 하나님과 사람을 향한 사랑을 상징합니다.

사랑의 상징적 행동은 단지 형식주의에서 나온 행동과는 다릅니다. 형식주의에서는 오직 의무감으로 드리거나 섬깁니다. 형식주의적 행동은 율법적으로 이루어집니다. 의무를 이행하기 위하여 하며 그 속에 마음은 없습니다.

희생적 드림

우리 부부는 몇 년 동안 인도의 하이데라바드에서 사역을 한 적이 있습니다. 우리는 수닐이라는 형제를 영적으로 도와주었습니다. 말레이시아에서 온 동료 선교사가 임기를 마치고 본국으로 돌아가게 되어서 우리가 돕게 되었습니다. 수닐은 조용한 의학도였습니다. 인도의 전통의학을 공부하고 있었습니다. 수닐은 학교를 졸업하고 직장 생활을 시작하였는데 직장에 들어간 지 얼마 안 되었을 때의 일입니다. 그달 말에 그가 우리를 방문했습니다. 교제를 마치고 일어서면서 그는 멋쩍은 표정으로 뒷머리를 긁적이며 우리에게 두꺼운 봉투를 내밀었습니다. "오늘 첫 월급을 받았습니다. 많지는 않지만 전부 하나님께 드리고 싶습니다. 받아주시겠습니까?" 우리는 깊은 감동을 받았습니다. 이 날까지 아직도 그 일을 기억하고 있습니다. 그가 있는 자리에서 세어 보니 인도 돈으로 700루피가 조금 넘었습니다. 가족의 필요도 생각해야 하지 않겠느냐고 했더니, 자기도 그 문제를 가지고 기도했다면서, 하지만 직장 생활의 '첫 열매'를 하나님께 드려 하나님을 공경하고 싶다고 했습니다. 그는 가족의 필요도 있었음에도 불구하고 자원하여 자기가 일해서 얻은 '첫 열매'를 주님께 드렸습니다. 자기와 가족의 필요를 채우려면 또 한 달을 기다려야 했습니다. 그는 잠언 3:9-10 말씀에 순종하기를 선택했던 것입니다. 그가 암송한 말씀이었습니다.

> 네 재물과 네 소산물의 처음 익은 열매로 여호와를 공경하라. 그리하면 네 창고가 가득히 차고 네 즙 틀에 새 포도즙이 넘치리라. (잠언 3:9-10)

우리는 그에게 깊은 감명을 받았다고 하고는 참으로 귀한 돈이니 그걸 가지고 무엇을 하면 좋을지 기도해 보겠다고 했습니다. 그는 고개를 끄덕였고 우리가 무슨 결정을 하든지 자기는 좋다고 했습니다. 며칠 후 주님께서 한 가지 확신을 주셨습니다. 이 돈을 가능한 한 형편이 어려운 사람들의 필요를 채우는 데 쓰기로 했습니다. 그때 다음 달에 학생들을 대상으로 수양회를 계획하고 있었으므로 그에게 이렇게 제안했습니다. 수양회에 참석하기 원하나 교통비와 수양회비를 댈 수 없는 학생들을 위해 그 돈을 쓰면 어떻겠느냐고 했습니다. 우리가 알기로 여러 명이 있었습니다. 그는 그 아이디어에 대해 매우 기뻐했습니다. 그가 드린 헌금은 여러 사람들에게 큰 복을 주었습니다.

자기의 "재물과 소산물의 처음 익은 열매"를 드리는 헌금은 상징적일 뿐 아니라 또한 희생적입니다. 이를 위해서는 자기를 부인하는 것과 또 한 번의 수확을 기다려야 하는 인내가 필요합니다. 이는 하나님께 대한 깊은 헌신과 굴복을 나타냅니다. 또한 먼저 하나님을 구하고 하나님께 드리면 하나님께서 풍성히 공급해 주시리라고 믿는 생활 방식과 세계관에 헌신되어 있음을 보여 줍니다. 잠언 3:9-10은 마태복음 6:33과 그 맥을 같이합니다. 제자는 하나님의 나라와 의를 먼저 구하여야 합니다. 그다음에 그에게 필요한 모든 것을 하나님께서 공급하여 주실 줄 믿고 의뢰해야 합니다. 이생에서 살아가고 섬기는 데 필요한 모든 것, 예를 들어 먹고, 마시고, 자고, 입고… 하는 모든 것을 주님께서 공급해 주시리라 믿는 믿음을 가지고 있어야 합니다.

헌신적 드림

이는 자기 자신을 드리는 것이며 자기 영혼을 드리는 것입니다. 그 속에는 그 사람의 희망, 갈망, 열정, 정체성 등이 모두 다 들어 있습니다. 마리아가 예수님을 사랑하여 향유를 부어 드린 그 행동은 분명히 상징적입니다. 그러나 그 행동은 상징 그 이상입니다. 옥합과 거기에 담긴 값비싼 향유는 마리아에게는 지극히 개인적인 뭔가를 나타냅니다. 향유는 아름다움을 상징합니다. 여자들은 자기의 아름다움을 돋보이게 하려고 향유를 바릅니다. 향유는 영어로 '에센스'인데, 에센스라는 말에는 두 가지 의미가 들어 있습니다. 기본적으로 사물의 본질 또는 핵심을 가리킵니다. 또한 식물의 꽃, 잎, 과실 등에서 뽑아낸 향기 좋은 방향유를 가리키기도 합니다. 따라서 향유는 한 여인의 '에센스'라고 말할 수 있으며, 한 여인으로서의 정체성과 관련되어 있습니다.

마리아의 헌신적 행위는 그 마음의 열정과 열망을 보여 줍니다. 예수님께 자신의 모든 것을 드리려는 마음입니다. 마리아는 예수님 발 아래 앉아 예수님으로부터 배우는 일에 삶의 우선순위를 두고 있었습니다. 그래서 예수님 말씀을 하나라도 놓칠세라 귀를 쫑긋하고 열심히 들었습니다. 하지만 그것만으로는 부족하다는 생각이 들었습니다(누가복음 10:38-42). 이제 한 걸음 더 나아갔습니다. 자기 자신을 뜻하는 모든 것, 즉 자신의 영혼, 자신의 희망과 열정 등 이 모두가 예수님께 사랑으로 드려져야 함을 알았습니다. 그래서 그 표현으로 향유 옥합을 깨뜨려 주님께 부은 것입니다. 이런 유형의 '드림'이 영혼을 드리는 헌신적 행동으로서의 드림입니다. 하나님께 바치는 '드림' 중 가장 높고 가장 심오한 수준의 '드림'입니다.

주목해야 할 중요한 점이 하나 더 있습니다. 이것은 단지 마리아의 마음으로부터 나온 한 가지 표현일 뿐 아니라, 마리아의 마음이 어디로 향하고 있는가를 보여 주었습니다. 마리아는 아무 말도 하지 않았지만, 우리는 예수님의 말씀과 반응을 통해 마리아의 의향을 알게 됩니다. "이 여자가 내 몸에 이 향유를 부은 것은 내 장사를 위하여 함이니라." 세 복음서가 마리아의 헌신적 행위는 그 방향이 예수님의 장례 날을 향하고 있다고 기록합니다. 예수님께서는 마리아의 행동에 대하여 "저가 내게 **좋은 일을 하였느니라**"라고 말씀하셨습니다. 마리아는 예수님의 죽음을 위하여 예수님의 몸에 기름을 부어 드림으로써 며칠 후에 일어날 일을 미리 준비한 것이었습니다. 이처럼 미리 기름을 붓는 것은 마리아가 예수님의 계획과 목적에 아주 일치하고 있음을 나타냅니다. 어쩌면 다른 어떤 제자들보다도 훨씬 더 그랬을 것입니다. 다가오는 예수님의 희생적 죽음을 예견했을 뿐 아니라 예수님이 왜 오셨는가를 이해했음을 보여 줍니다. 이를 통해 마리아가 진정 예수님을 사랑했음을 보여 주었습니다. 마리아는 자기 영혼을 예수님의 삶과 죽음, 십자가 위에서의 사역, 즉 복음과 한데 묶어 놓았던 것입니다.

앞서 누가복음 10장에서 예수님께서는 마리아가 더 좋은 것을 선택한 점에 대하여 칭찬하셨습니다. 그런데 여기에서 마리아는 다시 한번 더 예수님의 칭찬을 받았습니다. 예수님께 향유를 부음으로써 앞에서보다 훨씬 더 영예로운 칭찬을 받았습니다. "내가 진실로 너희에게 이르노니, 온 천하에 어디서든지 복음이 전파되는 곳에는 이 여자의 행한 일도 말하여 저를 기념하리라"(마가복음 14:9). 다소 의외로 깜짝 놀랄 만한 일이었습니다. 마리아의 행위가 이처럼 크게 예수님께 칭찬을 받다니 우리 주 예수님을 크게 감동시켰음이 분명합니다. 여기에 이런 사람이 있다니 말입니다. 예수님의 목적을 이해했을 뿐만 아니라, 예수님의 마음에 있는 그대로 응답한 사람이 있다니 말입니다. 다가오는 예수님의 희생적 죽음은 또 하나의 희생적 사랑의 행위를 이끌어 냈습니다.

십자가에 못 박히신 예수님의 죽음은 복음 메시지의 중심입니다. 그것은 수많은 세월 동안 복음을 위한 헌신과 희생, 예수님에 대한 사랑의 행동을 이끌어냈습니다. 순교자들을 생각해 보십시오. 그들은 그리스도를 부인하기를 거부하다 죽었습니다. 결혼의 꿈을 희생하고, 가족을 버리고, 생명을 위협하는 상황을 참고 견딘… 사람들을 생각해 보십시오. 그들은 복음을 전파하기 위하여, 그리고 예수님께 대한 사랑에서 그렇게 하였습니다. 이 소중한 사람들이 마리아와 같은 유형의 사람들입니다. 그들은 예수님을 위하여 '좋은[아름다운] 일'을 하였습니다.

옥합을 깨뜨리다

마가복음에서는 마리아가 옥합을 깨뜨렸다고 구체적으로 기록하고 있습니다. "한 여자가 매우 값진 향유… 한 옥합을 가지고 와서 그 옥합을 깨뜨리고"(마가복음 14:3). 옥합을 깨뜨리는 행위는 전적인 헌신을 의미합니다. 자기를 위해서는 아무것도 남겨 두지 않겠다는 의지의 표현입니다. 향유가 한 방울 한 방울 떨어지는 모습을 보며 망설이거나 아까워하지 않겠다는 뜻입니다. 향유를 다 허비하여서라도 예수님께 대한 사랑을 보여 드리겠다는 결심을 보여 주었습니다. 단지 상징적으로 한 제스처가 아니었습니다. 물론 상징적으로 그렇게 할 수도 있었을 터입니다. 그렇게만 해도 주위 사람들이 모두 그 의향을 알아차렸을 것입니다. 예수님께서도 마리아의 마음을 꿰뚫어 보실 수 있으시기에 또한 마리아의 의향을 아셨습니다. 그러나 마리아는 남들에게 보이기 위해 그런 행동을 하지 않았습니다. 예수님을 향한 온전한 헌신의 마음을 정성껏 표현하였을 뿐입니다.

때로 우리는 하나님께 대한 사랑에서 하나님을 위해 어떤 것을 하지만 그 사랑을 아주 조금씩 찔끔찔끔 표현하곤 합니다. 그러나 말 그대로 '끝까지 갈 데까지' 가야 할 필요가 있습니다. 우리 마음이 하나님의 방법을 보고 알도록 하기 위해서입니다. 그게 하나님께서 사용하신 방법입니다. 하나님께서는 아브라함을 시험하실 때 끝까지 갈 데까지 가게 하셨습니다. 아브라함이 이삭을 제물로 바치기 위하여 칼을 들어 올리는 시점까지 가게 하셨습니다. 이제 아브라함의 눈에 이삭은 죽은 자와 같았습니다.

마리아가 향유 옥합을 드린 모습은 많은 도전을 줍니다. 지금까지와는 다르게 살고 다르게 섬기라고 도전합니다. 그동안 나는 이런저런 많은 방법을 동원하여 하나님을 위해 살고 하나님을 섬기려고 힘써 왔습니다. 그러나 그러면서도 내 자신을 너무 많이 드리는 것은 아닐까 하고 주저했습니다. 다 드리지 않고 나 자신을 위해 얼마를 남겨 두었습니다. 내가 하나님을 위하여 얼마나 드리는가를 묵상해 볼 때, 이는 종종 나를 괴롭게 하였습니다. 우리는 너무나 자주 형식주의의 길을 걸으며 살아간다는 생각이 듭니다. 비싼 값을 치르는 희생적인 드림에 다다르려면 아직도 가야 할 길이 멉니다. 진실로 우리 자신을 다 내어 드리는 '헌신적인 드림'이라는 지점에 도달하려면 너무도 멀고 멉니다. 형식적인 드림에서 벗어나지 못하고 그 주위를 맴돌고 있는 실정입니다. 시늉에 불과한 형식적인 양의 돈을 헌금함에 넣고는, 하나님께 전부를 드렸다고 생각합니다. 형식적인 기도를 하고는 기도했다고 여깁니다. 주일 예배에 참석한 것으로 우리가 드려야 할 예배를 다 드렸다고 여깁니다. 교회 활동에 몇 번 참석하고는 하나님께 대한 종교적 의무를 다했다고 여깁니다. 누군가에게 전도지 하나 전해 주고는 '전도 끝!' 이렇게 생각합니다. 단기 선교 여행을 한번 다녀오고는 지상사명에 순종했다고 여깁니다. 이런 식입니다. 형식주의를 따라 살 때 우리는 자신을 속이게 됩니다.

상징적 드림을 실천하며 사는 것도 그 나름의 중요한 의미를 지니고 있습니다. 매월 정기적으로 드리는 헌금은 하나님께서 모든 것을 소유하고 계심을 인정하는 상징적 드림의 한 예입니다. 우리는 모든 것이 하나님의 것이요 하나님께 속해 있음을 잘 알고 있습니다. 그러나 실상은 형식주의의 삶을 살 수도 있습니다. 전부를 드리는 대신, 시간과 에너지와 자원과 자아를 찔끔찔끔 드립니다. 우리는 마리아처럼 어딘가에서 시작해야만 합니다. 먼저 한 영역에서 그렇게 할 필요가 있습니다. 최상의 방법으로, 가장 아름다운 방법으로, 아무것도 유보하지 않는 방법으로, 전력투구하는 방식으로 드릴 필요가 있습니다.

자신이 깨뜨려야 할 '옥합'이 무엇인지는 사람에 따라 다를 수 있습니다. 자신을 대표하는 것이 무엇입니까? 몇 가지 예를 들면 다음과 같습니다.

경력	돈
사회적 지위	소중한 인간관계
재물(소유)	생명
과거의 성취	자아
미래의 꿈 …	

이제 자신에게 물어야 할 질문이 하나 있습니다. "이 중 어느 것(여기에 적지 않은 것일 수도 있음)이 내가 아직 깨뜨리지 않은 옥합인가?" 예수님께 가지고 가서 깨뜨려 그 내용물을 다 완전히 쏟아부어 드려야 할 옥합이 무엇인가 하는 것입니다. 예수님을 사랑한다는 것을 보이기 위해 깨뜨려야 할 옥합은 무엇입니까? 그리고 그분께 드리기에 너무 아까운 것은 아무것도 없음을 보이기 위해 깨뜨려야 할 옥합은 무엇입니까? 그게 무엇이든 우리가 귀중히 여기는 것으로 가득 찬 옥합 자체가 하나님을 영화롭게 하지는 않습니다. 그 옥합이 깨어지고 그 내용물이 관제처럼 쏟아부어질 때, 하나님께서 기뻐 받으시는 제물이 됩니다. 마리아의 향유처럼 향기가 되어 온 방안을 가득 채우게 됩니다.

'잔치의 흥을 깨는 사람들'

잔치의 흥을 깨는 사람들은 늘 갑자기 불쑥 나타납니다. 한 죄인이 하나님께 돌아온 것을 축하하는 큰 행사가 있을 때, '형 증

후군'이 역사할 수도 있습니다. 누가복음 15장에서 탕자인 둘째 아들이 돌아왔을 때 아버지는 기뻐서 잔치를 명하였습니다. 아버지는 돌아온 아들을 보고 곧바로 종들에게 명하기를, 귀한 아들이니 잘 모시라고 하였습니다. 그 상징으로, 제일 좋은 옷을 입히고 손가락에 반지를 끼우고 신발을 신기게 했습니다. 그리고 살진 송아지를 잡아 아들의 귀환을 축하하는 잔치를 베풀게 했습니다. 우리는 아버지가 기뻐하는 모습을 쉽게 상상할 수 있습니다. 늙은 몸으로 삐걱거리는 무릎을 아랑곳하지 않고, 자기 옷자락 끝단을 붙잡고 들어 올리면서 덩실덩실 춤을 추는 모습을 상상해 보십시오. 그런데 잠시 후 풍악 소리와 춤추는 소리가 들리지 않았습니다. 침울하고 시기심이 가득한 형의 목소리에 그만 갑자기 모든 소리가 뚝 그쳤습니다. 밖에서 일하다 돌아온 형은 잔치 소리를 듣고 이게 웬일이냐면서 감정이 몹시 상하여 속상해하며 불같이 화를 냈습니다. 아버지에게 대들었습니다. 동생이 돌아오기 전, 자기는 여러 해 동안 아버지를 섬겼어도 잔치를 베풀고 축하를 받아 본 적이 한 번도 없다며 항의했습니다. 그럼에도 불구하고 그 잔치는 다시 계속 진행되었습니다. 은혜는 항상 율법주의를 이기는 법입니다. 그리고 천국에서 벌어지는 어린양의 큰 혼인 잔치에서는 잔치의 흥을 깨는 사람들이 아무도 없을 것입니다.

누가복음 7:36-50에 보면, 마리아가 예수님께 기름을 부은 장면과 유사한 사건이 나옵니다. 이름 모를 한 여자가 어떤 사적인 저녁 식사 자리에 초대받지도 않고 들어가, 향유 담은 옥합을 가지고 와서 예수님께 부었습니다. 예수님께서는 그 기회를 이용하여, 시몬이라는 그 바리새인이 갖고 있는, 죄와 용서의 개념에 대한 이해를 도전하셨습니다. 시몬은 한 죄인의 회개를 기뻐하기보다는 예수님을 비판했습니다. 그 여인의 헌신을 용납했기 때문입니다. 시몬의 마음에 그 여자는 '죄인'이었습니다. '죄인'이라는 말은 창기에 대한 완곡한 표현입니다. '잔치의 흥을 깨는 사람들'이 다시 역사하고 있었습니다. 여기서 예수님을 청한 바리새인 시몬은 마음속으로 그 여자와 예수님을 비판하였습니다. 그 여자가 누군지 아느냐 하는 것입니다. "이 사람이 만일 선지자더면, 자기를 만지는 이 여자가 누구며, 어떠한 자 곧 죄인인 줄을 알았으리라"(39절). 죄악 된 삶은 그 여자의 과거의 삶이었고, 이제는 회개하여 더 이상 죄악 된 삶을 살고 있지 않다는 사실을 결코 염두에 두지 않았습니다.

마리아의 아름다운 희생의 경우에도 또한 잔치의 흥을 깨는 사람들이 있었습니다. 그들은 마리아의 행위를 비판했습니다. 잔치의 흥을 깨는 사람들은 그 사람을 비방하고 정죄합니다. 누가복음 7장의 이야기에서처럼 그 사람의 인격에 대해서, 또는 마리아의 이야기에서처럼 그 사람의 행위에 대해서 비판합니다. 이렇게 사랑이 넘치고 훈훈한 상황에서도, 이를 비판하는 두 가지 목소리를 들을 수 있습니다. 하나는 실용주의의 목소리요, 하나는 금지의 목소리입니다.

실용주의의 목소리

모든 사람의 눈이 아직 펼쳐지지 않은 그 드라마를 마음이 혹하여 지켜보았습니다. 그들은 조롱조로 물었습니다. "이 향유를 어찌하여 삼백 데나리온에 팔아 가난한 자들에게 주지 아니하였느냐?"(요한복음 12:5). 거기에서 실용주의의 목소리를 들을 수 있습니다. 그들은 사물의 금전적 가치에 주의를 환기시킵니다. 그들의 말은 명석한 경제학자들처럼 들립니다. 주위의 모든 것을 금방 돈으로 환산할 수 있는 사람들입니다. 그들은 어쩌면 영적인 행위까지도 돈으로 환산하려 들 것입니다.

실용주의자들은 이렇게 묻습니다. "무슨 의사로 이것을 허비하느뇨?"(마태복음 26:8). 그 말을 풀어 쓰면 이렇습니다. "왜 그 비싼 것을 낭비하시오? 주위에 긴급한 필요가 너무도 많은데 그걸 모른단 말이오. 가난한 자들은? 누가 그들을 돌본단 말이오? 그들에게 먹을 것을 나눠 주어 그들을 살리는 데 쓰지 않고, 어찌하여 예수님께 부어서 낭비하는가? 예수님은 조금 있으면 곧 돌아가실 건데…. 예수님도 이해하실 거요. 예수님도 가난한 자들을 돌보셨잖소. 가난한 자들을 구제하는 데 쓸 돈이 많으면 많을수록 좋을 것이오." 가룟 유다가 이 말을 한 것은, 회계 담당자로서 가난한 자들에게 돈을 지출하는 과정에서 많은 돈을 마음대로 착복했기 때문입니다. "이렇게 말함은 가난한 자들을 생각함이 아니요, 저는 도적이라 돈 궤를 맡고 거기 넣는 것을 훔쳐

감이러라"(요한복음 12:6). 유다는 돈의 청지기직에는 관심이 없었습니다. 언뜻 들으면 선한 청지기 직분을 수행하려는 말처럼 들릴지 모르지만, 사실은 순전히 자신의 사악한 의도를 숨기기 위한 것일 뿐이었습니다.

이 주제에 대한 현대판 변형이 많습니다. 혹시 이런 말을 들은 적 있습니까? "너무 하늘만 생각하지 마시오. 땅을 등지고 살 수는 없지 않은가?" 다른 말로 하면, "말씀으로만 살 수는 없소. 떡이 있어야 사는 법이오." 이런 말입니다. 이 말은 실용주의의 목소리에서 나온 것입니다. 그들은 세상에서 성취한 것이 영원에 속한 것보다 더 큰 가치가 있다고 생각합니다. 하지만 이는 잘못된 생각입니다. 이 땅에 발을 딛고 살고 있기에 세상적 사고방식을 갖기가 쉬운 반면 하늘에 속한 사고방식을 갖기란 훨씬 더 어렵습니다. 우리 자신의 방법대로 살고 인간의 자연적인 욕망에 맡겨 놓으면 곧잘 세속적인 방향으로 흘러갑니다.

실용주의적 목소리에 대하여 예수님께서는 마리아의 행동을 변호하시는 것으로 응수하셨습니다. 예수님은 마리아를 높이 칭찬하셨고 사람들의 오해를 바로잡으셨습니다. 설령 그 순간 인간의 필요가 제쳐지는 것처럼 보일지라도 예수님을 모든 사람 위에 두는 것은 항상 올바른 우선순위라고 말입니다. 하나님께서는 단지 돈을 사용하여 가난한 사람들을 먹이는 것 그 이상으로 그들의 필요를 채울 방법을 더 많이 가지고 계십니다. "가난한 자들은 항상 너희와 함께 있거니와"라는 예수님의 말씀은 그동안 오해되어 왔습니다. 그분은 가난한 자들을 돌보시지 않는다고 말입니다. 사실은 이와는 거리가 멉니다. 복음서의 기사들은 예수님이 어떻게 병자들을 고치셨는지를 보여 줍니다. 예수님께서는 궁핍한 자들을 먹이시고 가난한 자들을 돌보셨습니다. 이 진술은 신명기 15:11을 인용한 것이었습니다. "땅에는 언제든지 가난한 자가 그치지 아니하겠으므로, 내가 네게 명하여 이르노니 너는 반드시 네 경내 네 형제의 곤란한 자와 궁핍한 자에게 네 손을 펼지니라." 그러면서 제자들에게 가난한 자들을 도와야 할 그들의 의무를 상기시키셨습니다. 그들은 과거에 가난한 자들을 돌볼 기회들을 가졌을 터이고, 또한 미래에도 그렇게 할 것입니다. 갈라디아서 2장을 보면, 사도들은 이 교훈을 잘 배웠습니다. 그들은 바울에게 복음을 이방인들에게 전하도록 권하면서 아울러 가난한 자들을 생각해 달라고 부탁했습니다. 이것은 사실 바울이 본래 힘써 행하던 일이었습니다 (8-10절 참조).

예수님께서는 만주의 주님으로서 만유 위에 뛰어나십니다. 그분은 왕이나 나라나 가족이나 부유한 자나 권세자나 가난한 자 위에 뛰어나십니다.

금지의 목소리

"…그 여자를 책망하는지라"(마가복음 14:4-5 참조). '책망하다'라는 말에는 '호되게 꾸짖다', '심하게 나무라다'라는 의미가 담겨 있습니다. 제자들 중 일부가 마리아에 대해 분개하면서 "무슨 의사로 이 향유를 허비하였는가?" 하고 마리아를 호되게 책망했다는 게 얼마나 이상한 일입니까! 마리아의 행동 중 무엇 때문에 그들이 그토록 흥분하여 분을 내며 마리아를 강하게 비판했을까요? 예수님의 임박한 죽음을 미리 알지 못한 점에 대해 죄책감을 느꼈기 때문이었을까요? 아니면, 그들 생각에 마리아가 사랑과 헌신을 표현하는 데 있어서 너무 앞서 나갔기 때문이었을까요? 아니면 또 다른 이유가 있었을까요? 터프하고 강인한 남자들은 예수님께 사랑을 표현하는 데 있어서 지나치게 감상적인 행동을 싫어하기 때문일까요? 그 사람들 중 일부가 왜 흥분했는지는 모릅니다. 다만 추측할 뿐입니다.

우리는 여기저기서 '하지 말라'는 금지의 목소리를 듣습니다. 어떤 그리스도인은 자녀가 주님의 헌신된 제자와 일꾼으로 살려고 할 때 칭찬하고 격려하기보다는 우려를 나타내며 심지어 막기도 합니다. 그렇게까지 헌신하여 살 필요가 있느냐 하는 것입니다. 또한 장성한 자녀가 전임 사역을 시작하려는 열망을 표현하면 멈칫합니다. 자녀가 진정 하나님께 헌신하고 하나님을 사랑하기를 원하면서도, 한편으로는 자녀가 더 높은 수준의 헌신에 이를 때에는 불안해하고 우려를 나타냅니다. '왜 선교사가 되려고 하지? 이곳에서 편하게 섬길 수도 있는데 굳이 그 힘들고 위험한 나라로 가야 하나?' 이런 목소리가 들립니다.

금지는 또한 우리와 다른 사람들을 판단하는 방법으로 모습을 드러낼 수도 있습니다. 예배를 예로 들면, 예배 시에 자신의 믿음을 감정적으로 더 적극적으로 표현하는 사람들이 있는가 하면, 좀 더 차분하고 조용한 묵상을 선호하는 사람들이 있습니다. 그들은 상대편에 대해서 서로 아주 불편해할 수도 있습니다. 우리는 자신과 다른 사람들을 서로 받을 줄 알아야 합니다. 어느 한편을 감정주의라고 일축하거나, 어느 한편을 지성주의라고 묵살해서는 안 됩니다.

'구경꾼'

이 사건은 공적인 사건이 아니었습니다. 베다니의 어느 가정집에서 있었던 일입니다. 그곳 사람들은 아직도 기억이 생생하였습니다. 평생 한 번 볼까 말까 한 놀랍고도 놀라운 큰 기적이 었습니다. 며칠 전 나사로가 죽은 자 가운데서 다시 살아난 것입니다. 사람들이 그 집 주위에 모여들기 시작했습니다. 기적을 행하신 예수님을 얼핏이라도 보고 싶었습니다. 또한 겸사해서 살아 있는 기적인 나사로도 다시 보고 싶었습니다. '죽은 자 가운데서 다시 살아났는데 그게 어떤 거지?' 그런저런 미스터리들이 그들의 호기심을 자극했습니다. 나흘 동안 '죽어' 있었는데 그게 어떤 거지? 그사이 어디에 있었지? 천국에 있었나? 천국은 어떤 모습이지? 그들은 살아 있는 기적인 나사로를 보고는 입이 딱 벌어졌습니다. 하지만 그들은 거기서 또 하나의 전혀 '다른' 것을 보았습니다. 하나의 실제 모범을 본 것입니다. 곧 예수님을 따른다는 게, 예수님의 제자가 된다는 게 무엇을 의미하는지를 보았습니다. 또한 예수님에 대한 사랑을 보여 준다는 게 무엇을 의미하는지를 보았습니다. 그들은 말로 된 긴 설교를 듣지는 않았지만, 예수님께 대한 희생적 사랑을 보여 주는, 살아 있는 실례를 똑똑히 목격하였습니다.

오늘날에도 많은 이들이 교회로 오고 있습니다. 호기심에서 오는 사람들도 있고, 좀 더 자세히 알아보려고 오는 사람들도 있고, 정말 한번 믿어 볼까 해서 오는 사람들도 있고, 이와 같이 여러 부류가 있습니다. 우리 그리스도인들이 예수님을 향한 사랑으로 참된 제자의 도 가운데 복음대로 산다면, 확신하건대 많은 구경꾼들이 예수님에 대한 왜곡된 메시지를 듣지 않게 될 것입니다. 그 결과 많은 이들이 참으로 예수님을 믿게 될 것입니다.

'말 없는' 헌신

좀 특이하게도 이 드라마틱한 사건에서 마리아는 단 한마디도 하지 않습니다. 누가복음 7장에 나오는 다른 여자의 경우에도 동일하게 한마디도 하지 않습니다. 구경꾼들은 자기들 앞에서 펼쳐지는 '드라마'를 주시해서 보고 그 드라마에 반응을 보입니다. 두 여자의 인격에 의문을 제기하기도 하고, 두 여자의 의도를 오해하기도 합니다. 오직 예수님만이 그 두 여자의 마음에 있는 의도와 목적을 정확히 아시고 말씀해 주십니다.

마리아에 대한 이 이야기를 끝맺으면서, 마리아의 입에 한마디 말을 넣어 주고자 합니다. 마리아가 예수님께 나아가 향유를 부으면서 예수님께 뭔가를 말씀드렸다면 무슨 말을 했을까요? 예수님께 대한 사랑과 헌신의 고백을 어떻게 했을까요? 이를 기도의 형태로 표현해 보았습니다.

예수님, 예수님은 저의 주님이시며 저의 주인이십니다. 온 마음을 다해 주님을 사랑합니다. 주님께 제 모든 것을 드립니다. 제 자신을, 제가 가진 모든 것을 주님께 드립니다. 주님을 향한 넘치는 사랑으로 주님을 섬기렵니다. 주님을 경외하며 공경하기에 제 향유 옥합을 주님께 드립니다. 주님께 향유를 부어 드림으로 다가오는 주님의 죽으심을 준비하게 되어 너무나 큰 영광입니다.

제 머리털로 주님의 발을 씻길 때 사람들이 어떻게 생각하는지는 신경 쓰지 않습니다. 저를 행실 나쁜 여자라고 생각하더라도 개의치 않습니다. 주님은 저의 구주시요 왕이시며, 저는 주님의 종일 뿐입니다. 그러기에 향유로 주님을 씻깁니다. 이 거룩한 순간을 위하여 간직해 두었던 향유입니다. 주님께서는 곧 십자가에서 돌아가실 겁니다. 주님은 주님 자신을 전부 제게 주실 것입니다. 그리고 온 세상에게도 주실 것입니다. 저는 주님께서 저를 위해 생명을 버리신 것에 조금이라도 갚기 원합니다. 제게 남은 게 무엇이라도 더 있다면 그것마저 기쁘게 드릴 겁니다. 이 향유를 부으면서 제 사랑과 제 영혼과 제 생명 모두를 주님께 드립니다. 주님을 사랑하기 때문입니다. 제 마음과 영혼과 힘과 뜻을 다하여 주님을 경배하기 때문입니다.

이 기도 내용이 마음에 와닿습니까? 만일 그렇다면 이런 내용으로 기도하고 주님을 향한 사랑을 행동으로 표현해 보기 바랍니다. 주님께서 명하시는 것이 있으면 실행해 보십시오. 우리 각자 속에는 예수님께 해 드릴 수 있는 '좋은[아름다운] 일'이 있습니다.

묵상 및 적용

1. 당신이 예수님을 위하여 가장 좋은[아름다운] 일을 한 적이 있다면 적어 보십시오.

2. '향유 옥합'이 자신에게 무엇을 의미하는지는 사람마다 다릅니다. 어떤 이에게는 그것이 명예일 수도 있습니다. 또 어떤 이에게는 부나 권세일 수도 있습니다. 당신의 '향유 옥합'은 무엇입니까? 기꺼이 그것을 깨뜨려서 예수님께 드리겠습니까?

3. 마리아의 침묵은 마리아의 성품에 대하여 무엇을 말해 주고 있습니까?

4. 마리아의 행동을 보면서 당신이라면 마리아의 입에 어떤 말을 넣어 주겠습니까? 자신의 말로 써 보십시오.

예수님께 다 드리면 다 잃어버리는 건 아닐까 하는 걱정은 전혀 할 필요가 없습니다.

- 아이언사이드

제 3 부
세상과의 올바른 관계

6

다니엘의 탁월함:
뜻을 정하다

당신이 채울 수 있는 틈새를 찾아보십시오.
그것이 아무리 사소한 것일지라도,
단지 나무를 패거나 물을 긷는 일일지라도,
하나님과 진리를 위한 이 위대한 싸움에서
뭔가를 하십시오.
- 찰스 스펄전

다니엘의 탁월함: 뜻을 정하다

¹다리오가 자기의 심원대로 방백 일백이십 명을 세워 전국을 통치하게 하고 ²또 그들 위에 총리 셋을 두었으니 다니엘이 그 중에 하나이라. 이는 방백들로 총리에게 자기의 직무를 보고하게 하여 왕에게 손해가 없게 하려 함이었더라. ³다니엘은 마음이 민첩하여 총리들과 방백들 위에 뛰어나므로 왕이 그를 세워 전국을 다스리게 하고자 한지라, ⁴이에 총리들과 방백들이 국사에 대하여 다니엘을 고소할 틈을 얻고자 하였으나 능히 아무 틈, 아무 허물을 얻지 못하였으니, 이는 그가 충성되어 아무 그릇함도 없고 아무 허물도 없음이었더라. ⁵그 사람들이 가로되 "이 다니엘은 그 하나님의 율법에 대하여 그 틈을 얻지 못하면 그를 고소할 수 없으리라" 하고. (다니엘 6:1-5)

다니엘은 성경에 나오는 인물 중 아주 보기 드문 사람입니다. 성경 역사를 통틀어 세속 세계에서 큰 성공을 거두었으면서도 하나님께 대한 믿음과 헌신을 타협하지 않은, 몇 안 되는 사람 중 하나입니다. 그의 이야기는, 믿음대로 살면서도 세속 세계에서 성공적으로 항해하도록 도와줄 모델을 찾고 있는 오늘날 젊은 제자들에게 많은 공감과 반향을 불러일으킵니다. 그보다 앞선 요셉처럼, 다니엘은 포로로 잡혀 가 이방의 왕궁에서 왕을 섬기면서 살고 있던 노예였습니다. 자원하여 그 세계로 들어간 것은 아니지만 그가 가지고 있던 확신, 가치관, 삶의 원리는 시대 차이를 뛰어넘어 오늘을 사는 우리를 인도하는 데 큰 도움을 줍니다.

개인적인 경험과 관찰을 통해 보건대, 세상을 증오하든지 세상을 사랑하든지 어느 한쪽으로 치우친 채 살아가는 그리스도인이 많습니다. 모두 잘못된 이유 때문입니다. 그들은 세상에 대하여 두 가지 다른 방식으로 접근합니다.

한 가지 접근은 두려움 속에서 세상을 부정적으로 바라보는 것입니다. 따라서 할 수 있는 한 세상을 피합니다. 세상에는 덜 관여하고 덜 접촉할수록 더 좋다고 생각합니다.

세상을 피하기를 추구하는 자들은 그들만의 거룩한 집단 안에 그들끼리 옹기종기 웅크리고 모여 있습니다. 오로지 기독교적 활동에만 참여합니다. 세상에 참여하기 위한 시간이나 에너지를 남겨 두지 않습니다. 세상 속에는 죄악이 넘치기에 그들만의 울타리 속에 머물러 있는 것입니다. 잃어버린 자들에 대한 전도와 선교와 그리스도를 나타내는 삶은 뒷전으로 밀려나게 됩니다. 그들의 입장의 근거로 삼는 것이 고린도후서 6:17과 같은 구절입니다. "그러므로 주께서 말씀하시기를, '너희는 저희 중에서 나와서 따로 있고 부정한 것을 만지지 말라.…'" 그러나 주목하십시오. 우리가 나와서 따로 있어야 하는 것은, 세상으로부터 우리 자신을 신체적으로 격리시키는 것이 아니라, 죄와 악한 행실과 우상숭배로부터 나오는 것입니다.

반면, 이와는 반대로 접근하는 사람들이 있습니다. 세상의 모든 것을 포용하고 수용하는 자들입니다. 세상의 모든 활동에 참여합니다. 앞에서 말한 그룹이 명백하게 죄악으로 여기거나, 또는 의문스러운 것으로 낙인찍은 활동까지도 다 참여합니다. 그렇게 할 때 잘못하면 유혹에 떨어집니다. 세상을 다루는 일에는 기본적으로 유혹이 내재되어 있기 때문입니다.

사도 요한은 이렇게 경고했습니다. "이 세상이나 세상에 있는 것들을 사랑치 말라. 누구든지 세상을 사랑하면 아버지의 사랑이 그 속에 있지 아니하니, 이는 세상에 있는 모든 것이 육신의 정욕과 안목의 정욕과 이생의 자랑이니, 다 아버지께로 좇아온 것이 아니요 세상으로 좇아온 것이라"(요한일서 2:15-16). 이 그룹의 그리스도인들은 그들의 믿음을 세상과 타협하곤 합니다. 그 결과 그리스도인으로서의 명확한 부르심과 사명을 잃어버립니다.

다니엘은 적대적이고 다원주의적인 세상에서 살았습니다. 때로 그의 개인적인 믿음은 공적인 공간에 강제적으로 불려 와서 시험을 받았습니다. 이에 더하여, 그를 시기하고 질투하는 대적들이 온갖 방법과 수단을 다 동원하여 그를 끌어내리고 쓰러뜨리려고 했습니다. 다니엘의 삶은 시간에 구애받지 않는 영원한 원리를 보여 줍니다. 적대적인 세계에서 시험에 지혜롭게 대처하고, 믿음을 견고히 유지하며, 맡은 일을 탁월하게 수행하는 데 유용한 원리입니다. 여기에 우리 자신의 세대에 적용하면 유익한 일곱 개의 원리가 있습니다.

1. 세상 안에 있되 세상에 속하지 말라

세상에 참여하면서 다니엘은 두 가지 믿음의 테스트를 경험했습니다. 첫 번째는 바벨론에 포로로 잡혀왔을 때였습니다(다니엘 1장). 바벨론왕 느부갓네살은 포로로 끌고 온 이스라엘 자손 가운데서 왕족과 귀족 출신의 뛰어난 젊은이들을 뽑아서 데려오게 했습니다. 그렇게 해서 다니엘을 포함하여 유대 엘리트 출신 젊은이 네 명이 바벨론 조정에서 섬기도록 선발되었습니다. 그들은 바벨론의 다양한 기술과 재능을 익히기 위해 더 수준 높은 훈련을 받아야 했습니다. 거기에는 언어와 학문도 포함되었습니다. 3년 동안 훈련받은 후에 왕을 모셔 섬기기로 되어 있었습니다.

다니엘과 세 친구는 각기 새로운 이름을 받았습니다. 그들이 바벨론의 신들과 관계된 이름을 받았다는 사실은 시사하는 바가 큽니다. '다니엘'은 히브리어로 '하나님께서 심판하신다', '하나님은 나의 심판자시다'라는 뜻입니다. 반면 새로 주어진 이름 '벨드사살'은 '벨(바알)은 나의 신이다', '벨이여, 그의 생명을 보존하소서'란 뜻입니다. 바벨론의 환관장 아스부나스가 포로로 끌려온 다니엘에게 붙여 준 바벨론식 이름입니다(다니엘 1:7, 2:26, 4:8, 5:12). 다니엘 자신의 선택이 아니었습니다. 다니엘은 강제로 두 문화를 병용하는 사람이 되었습니다. 그는 바벨론식 이름을 가졌을 뿐 아니라 바벨론의 언어와 학문도 배웠습니다. 3년에 걸쳐 바벨론의 문화를 익혀 정통하게 되었습니다. 이 모든 영향에도 불구하고 마음속에서 그는 항상 '다니엘'이었습니다. 결코 자기 하나님을 잊지 않았습니다. 젊은이로서 앞으로 자기 장래가 걸려 있는 위태로운 순간에서조차도 하나님께 헌신적이었습니다.

다니엘 1:8-16을 보면 다니엘은 자기 신앙을 더럽히지 않기로 결심했습니다. 그래서 우상에게 제물로 드려진 부정한 음식을 거부하였습니다. 그는 지혜롭게도 이 문제를 환관장과 상의하면서 환관장에게 은혜를 구했습니다. 하나님께서는 다니엘로 환관장에게 은혜와 긍휼을 얻게 하셨습니다. 환관장은 자기 관심사를 밝히고는 음식에 대한 공식적인 방침을 반복해서 말해 주었습니다. 환관장의 말을 보면, 환관장은 다니엘에게 호의를 보이면서, 그 청을 냉정하게 즉시로 거절하지 않고, 단지 다니엘의 말대로 했을 때 자신에게 닥칠지도 모를 어려움만을 토로하고 있음을 느낄 수 있습니다. 이미 환관장의 마음이 다니엘의 청을 수락하는 쪽으로 기울어졌음을 암시하는 것일 수도 있습니다. 그러자 다니엘은 여기에서 멈추지 않고 한 걸음 더 나아가 그 환관장 밑에서 자기들을 직접 감독하는 관리에게 더 구체적인 제안을 하면서 적극적으로 이 문제를 상의했습니다. 자기들을 열흘 동안 시험하여 채식을 주어 먹게 하고 물을 주어 마시게 한 후에 다른 젊은이들과 비교해 보라고 했습니다. 열흘 후 그 네 사람은 정결한 음식만 먹고도 동료들보다 더 건강한 모습을 보였습니다. 그래서 그때부터 감독관은 왕이 지정한 음식과 포도주를 주지 않고 그들이 채식을 할 수 있도록 허락하였습니다.

하나님께서는 이 네 젊은이에게 남다른 지혜와 지식을 주셨습니다. 그들은 모든 학문 분야를 습득해 나가는 과정에서 특출한 재주를 보여 각 분야에서 두각을 나타냈습니다. 뿐만 아니라 특히 다니엘은 환상이나 꿈을 해석해 내는 능력도 지니게 되었습니다.

그들은 3년 후에 실시한 테스트에서 가장 뛰어난 성적을 받았습니다. 그래서 왕 앞에서 왕을 모시며 섬기게 되었습니다. "왕의 명한 바 그들을 불러들일 기한이 찼으므로 환관장이 그들을 데리고 느부갓네살 앞으로 들어갔더니, 왕이 그들과 말하여 보매 무리 중에 다니엘과 하나냐와 미사엘과 아사랴와 같은 자 없으므로 그들로 왕 앞에 모시게 하고, 왕이 그들에게 모든 일을 묻는 중에 그 지혜와 총명이 온 나라 박수와 술객보다 십 배나 나은 줄을 아니라"(다니엘 1:18-20).

다니엘은 이 테스트를 하나님께서 주신 지혜를 사용하여 통과했습니다. 그는 자기 신앙을 타협하기를 원하지 않았습니다. 한편 그는 조정에서 관리로 임명되어 섬기게 되었습니다. 다니엘이 자기를 감독하는 관리에게 요청한 제안(11-12절)은 '창조적 대안'이라고 할 수도 있습니다. 그 결과는 둘 다 윈윈하는 상황이 되었습니다. 창조적 대안을 제시하는 사람은 정해진 방침 속에 담겨 있는 진정한 의향을 알아차립니다. 그리하여 자신의 신앙이나 확신을 타협하지 않고도 해결책을 찾아 그 의도를 성취합니다.

다니엘과 세 친구는 포로가 되어 자기들의 뜻과는 전혀 상관없이 그곳에 강제로 끌려 들어갔습니다. 그들은 세상 속에 분명히 있었지만 세상에 속하지 않았습니다. 분명하게 자기의 신념과 확신을 바벨론 당국자에게 전달하였고, 동시에 자기들이 한 요구를 이룰 수 있게 되었습니다.

다니엘은 자신이 제안한 새로운 식단의 효과에 대해 테스트를 받고 있었지만, 다른 한편으로는 그가 그들의 시스템을 테스트하고 있다고도 말할 수 있습니다. 자기 확신을 지키기 위하여 자신의 운신 폭과 자유가 얼마나 되는지를 파악해 본 셈입니다. 여기서 배우는 교훈은 현 상태를 고정 불변한 것으로 여겨서는 안 된다는 점입니다. 때로는 공식적인 정책이 우리의 신앙적 확신을 대적할 때 지혜롭게 그 시스템을 테스트하십시오. 정책의 공식적인 표현 문구 뒤에 있는 진정한 의도를 파악하십시오. 하나님으로부터 오는 지혜와 많은 기도 가운데 수없이 많은 창조적 대안을 제시할 수 있습니다.

두 번째 테스트는 다니엘의 생애에서 훨씬 뒤에 있었습니다. 첫 번째 테스트를 받을 때는 청년이었습니다. 느부갓네살이 주전 605년에 유다의 엘리트들을 포로로 사로잡아 갔을 때였습니다. 두 번째 테스트는 다니엘 6장에 기록되어 있는데, 주전 537년 직후에 일어났습니다. 그해에 메데 사람 다리오가 정권을 잡았습니다. 두 사건의 간격이 68년쯤 되는데, 이때는 다니엘이 거의 90세쯤 되었다는 의미입니다. 그는 여러 왕 밑에서 섬겼습니다. 관리로서 최고의 자리에 있었습니다. 왕국 전역을 관할하는 지방관 120명을 감독하는 총리 3명 중에 하나로 임명되었습니다. 얼마 안 있어 왕은 그를 왕 다음가는 수석 총리로 임명할 예정이었습니다. 그러자 그를 시기하는 대적자들이 그를 함정에 빠뜨리려고 비밀리에 음모를 꾸몄습니다. 그는 직무 수행에서나 인격에서나 흠잡을 데가 없는 사람이었습니다. 그들은 이 사실을 너무도 잘 알고 있었습니다. 그래서 그들에게 남아 있는 유일한 계책을 사용하기로 했습니다. 바로 다니엘의 신앙을 건드려서 그것을 걸고넘어지기로 한 것입니다. 왕을 조종하여 한 조서를 반포하도록 했습니다. 앞으로 30일 동안 왕 외에 다른 신에게 절을 하거나 기도하다가 발각되면 누구를 막론하고 사자 굴에 던져 넣는다는 조서였습니다.

나이가 들었다고 또는 아주 늙었다는 이유로 테스트에서 면제되는 사람은 아무도 없습니다. 믿음의 순종은 죽을 때까지 평생토록 해야 합니다. 아브라함은 이삭을 하나님께 제물로 드리는 순종의 테스트를 받아야 했을 때 아주 늙은 사람이었습니다. 아마 120-130세쯤이었을 것입니다. 너무 나이 들어 늙었다고 테스트를 받지 않아도 되는 사람은 아무도 없습니다.

다니엘은 자기 생명이 위태로움에도 불구하고, 하나님께 대한 헌신을 날마다 계속 실천했습니다. 이는 다니엘이 지금까지 살아온 삶의 방식이었습니다. 그래서 예루살렘으로 향하여 열린 창에서 창문을 열어 놓은 채 기도했습니다. 대적자들이 눈에 불을 켜고 보고 있는 데도 말입니다. 지금까지 살아온 규칙적인 삶은 말 그대로 하나의 규칙이었습니다. 그래서 그 규칙을 확고부

동하게 지켰고, 외부 상황의 변화에 따라 굽히지 않았습니다. 융통성을 부려 이랬다저랬다 바꾸지 않았습니다. 그것이 남들 보기에는 율법주의적인 행동으로 보일 수도 있고, 때로는 이를 실행하는 사람들에게 불편할 수도 있습니다. 심지어는 핍박과 박해를 불러올 수도 있습니다. 그러나 다니엘은 그 규칙을 굽히지 않았습니다. 이는 그가 어떤 사람인지를 보여 주었습니다. 기도의 훈련을 통하여 하나님과 어떻게 관계를 맺고 있었는지를 보여 주었습니다. 그런 행동이 가져오는 결과를 뻔히 알면서도 자기 태도를 바꾸지 않았습니다.

나는 이 내용을 묵상하면서, 하나님을 향한 다니엘의 헌신에 완전히 압도당했습니다. 나 같으면 아마 창문을 닫고 은밀히 기도했을 터입니다. 그래도 틀림없이 하나님께 괜찮을 것이라고 스스로 위로하면서 말입니다. 아니 어쩌면 휘몰아치는 광풍 같은 대소동이 다 지나갈 때까지 기도하기를 잠시 중지하든지 했을 것입니다. 그래도 하나님께서는 물론 이해하십니다. 그러나 다니엘은 자신이 정한 삶의 규칙을 굳게 지켰습니다. 이를 통해 사람이 어느 정도까지 마음을 다하고 목숨을 다하고 뜻을 다하고 힘을 다하여 주 하나님을 사랑할 수 있는지를 보여 주었습니다. 그는 사람보다는 하나님께 순종하였습니다. 그 결과로 하나님께서는 다니엘을 사자에게서 건져 주셨습니다.

2. '성읍'의 번영을 구하라

느부갓네살이 유다의 포로들을 바벨론으로 옮긴 직후, 예레미야 선지자는 포로들에게 편지 하나를 보냈습니다. 그 포로 중에는 다니엘과 그 친구들도 있었습니다. 편지의 내용인즉, 포로가 된 자신들의 삶을 기꺼이 받아들이고 적극적으로 살아남으라고 장려했습니다. 그러면서 그 기간은 70년이라는 긴 기간이 되리라고 했습니다. 예레미야 29장에서 예레미야는 이렇게 말합니다.

만군의 여호와 이스라엘의 하나님 내가 예루살렘에서 바벨론으로 사로잡혀 가게 한 모든 포로에게 이같이 이르노라. 너희는 집을 짓고 거기 거하며 전원을 만들고 그 열매를 먹으라. 아내를 취하여 자녀를 생산하며 너희 아들로 아내를 취하며 너희 딸로 남편을 맞아 그들로 자녀를 생산케 하여 너희로 거기서 번성하고 쇠잔하지 않게 하라. 너희는 내가 사로잡혀 가게 한 그 성읍의 평안하기를 힘쓰고 위하여 여호와께 기도하라. 이는 그 성이 평안함으로 너희도 평안할 것임이니라. (4-7절)

예레미야는 또 그들에게 경고했습니다. 이와 다르게 예언하는 선지자는 그 누구라도 거짓 선지자로 여기라고 했습니다(8-9절). 포로가 되어 바벨론에 살고 있다는 점은 사실 끔찍한 패배요 역행이요 후퇴였습니다. 그러나 복수를 도모하거나 반항하거나 반란을 꾀하지 말라고 했습니다. 그 대신 이방의 낯선 성읍에서 살아가는 삶을 기꺼이 일상으로 받아들이고, 그 삶이 정상이라는 것을 기꺼이 수용하라고 했습니다.

'평안'이라는 말은 히브리어로 '샬롬'입니다. 샬롬은 안전, 건강, 안녕, 행복, 번영, 평화, 평강, 안식 등 다양한 의미를 지니고 있습니다. "너희는 내가 사로잡혀 가게 한 그 성읍의 평안하기를 힘쓰고 위하여 여호와께 기도하라" 하고 주님께서는 명하셨습니다. 따라서 그 성읍에 거주하고 있는 이스라엘 자손들은 그 성읍에 적극 참여하여야 했습니다. 그들의 신앙, 가치관, 기술, 두뇌, 창의력뿐 아니라, 하나님께서 그들에게 주신 모든 것을 사용하여 그 성읍의 평안과 번영과 유익을 힘써 추구해야 합니다. 그렇게 하여 그 성읍이 평안하고 번영을 누릴 때 그들 자신도 평안하고 번영을 누리게 됩니다. 궁극적인 목표는 다른 사람들에게 복을 주는 것이며, 또한 그들 자신에게도 복이 되는 것입니다. 이는 창세기 12:1-3에 있는, 여호와 하나님께서 아브라함에게 주신 언약에 기초를 두고 있습니다. 이제 우리는 예수 그리스도로 말미암아 아브라함의 자손이 되었고, 따라서 약속대로 유업을 이을 자가 되었습니다(갈라디아서 3:29). 이 복은 단지 복음일 뿐 아니라, 모든 민족에게 미치는 하나님의 선하심입니다. 우리는 그리스도인으로서 그 선하심의 통로가 될 수 있습니다.

그 성읍의 평안과 번영을 구한다는 말은 무엇을 의미할까요? 곧 일상생활에서 평범하고 정상적인 일을 행하는 것입니다. 이를테면 거기에 정착하여 집을 짓고 살며, 밭을 일구고 농사를 지어 거기서 생산한 소출을 먹는 것입니다. 비유적으로 말하자면, 그들이 살고 있는 그 땅에 뿌리를 박고, 그 땅의 일부가 되어야 한다는 의미였습니다. 그들은 또한 결혼을 해서 자녀를 낳아야 했습니다.

집을 짓고 농사를 짓는 일은 아주 평범하고 일상적인 활동입니다. 그러나 그런 일을 하려면 인내가 필요하고 적극 참여하는 태도가 필요합니다. 요즘 말로 하자면, 새로운 일자리를 얻은 젊은이를 상상해 보십시오. 만일 그가 자기 일에 관심이 없고, '난 여기 오래 안 있을 거야. 일시적으로 있는 거야'라는 사고방식을 보인다면, 그래서 '이보다 더 나은 새 일자리가 있었으면…' 하고 자나 깨나 기다린다면, 그는 그 회사에서 오래가지 못할 것입니다. 이와 비슷하게, 결혼하여 자녀를 낳는 것 또한 똑같이 땅에 속한 평범한 일입니다. 여기서 결혼이란 동일한 믿음을 가진 이스라엘 자손들 사이의 결혼을 말하며, 이방인과의 결혼을 말하는 게 아닙니다.

그러나 바로 그 삶의 현장 속에서 그 사람이 가진 가치관과 인격이 나타나게 됩니다. 일상생활 속에서 나타나는 한 가족의 가치관은 이웃 사람들에게 강력한 메시지를 전달합니다. 이웃들은 평범한 일상생활을 통하여 그 가족의 분위기나 품격이나 매력을 '보고 느끼게' 됩니다.

그들은 또한 그 성읍을 위하여 기도해야 했습니다. 그들의 평안과 번영은 바벨론의 평안과 번영과 서로 밀접한 관계로 묶여 있었습니다. 다른 말로 하면, 그곳은 그들의 고향이요 고국이어야 했기에 그곳의 진보와 발전에 기여하라는 말입니다. 그러면 그곳의 번영은 그들 자신에게 축복이 되어 돌아올 것입니다. 이는 평범한 포로들에게 주신 실로 하나의 계시였습니다. 그들이 하나님의 계획과 목적에 실제적으로 기여할 수 있다는 사실입니다. 아주 평범한 일상적 방법으로 그 성읍에 참여함으로써 그렇게 할 수 있습니다. 그들은 일류 중의 일류[최고]는 아니었지만 충분히 기여했습니다. 꼭 다니엘과 같은 사람들이 되어야만 유용한 것은 아닙니다. 하나님께서는 그분의 '다니엘들'을 일으키실 것이고, 그들을 올바른 때에 그 성읍의 가장 높은 곳에 두실 것입니다.

이 원리는 오늘날과 어떻게 연관될 수 있을까요? 현재 당신이 있는 곳에 어떻게 적용될까요? 한 가지 실제적인 적용은, 당신이 꿈꾸었던 직업 환경과는 거리가 먼 곳에 던져질 때일 것입니다. 당신의 일은 당신의 모든 것을 착취합니다. 윗사람은 끊임없이 당신을 부당하게 괴롭힙니다. 당신은 도저히 다 처리하기 힘들 정도로 일이 넘쳐나서 눈코 뜰 새 없이 바쁩니다. 해도 해도 일이 끝이 없습니다. 더구나 아무도 당신을 도와주지 않습니다. 급여는 형편없습니다. 그리고 임금 인상이 꼭 필요한 상황인데 그럴 기미가 좀처럼 보이지 않습니다. 일자리 시장은 경직되어 있어서 하는 수 없이 한 동안 그 회사에 머물러 있을 수밖에 없습니다. 그러면 어떻게 할까요? 현실에 대하여 무기력하게 맥이 빠져 지내면서 불평만 할까요? 오히려 회사의 번영을 구하십시오. 골로새서 3:22-23에서 권면하는 대로 당신의 최선을 다해야 합니다. 하나님께 구하십시오. "어떻게 해야 제가 회사에 복이 될 수 있습니까? 동료들에게? 사장에게? 어떻게 제가 그들에게 복음을 전할 수 있습니까?" 그들을 위하여 기도하십시오. 그 무엇보다 항상 복음 중심적인 삶을 사십시오. 마침내 '포로' 기간이 끝날 때, 그리고 당신이 그 회사에서 맡은 목적을 성취할 때, 하나님께서는 당신을 위하여 계획하신 그 변화를 가져오실 수도 있습니다.

다니엘과 세 친구는 예레미야가 전한 여호와의 말씀을 성실히 실천했습니다. 그들은 살아남았을 뿐 아니라, 바벨론에서 번성하고 번영했습니다. 그들은 자신이 속한 '세계'에 참여했지만, 하나님께도 충성스럽게 남아 있었습니다. 그들은 또한 탁월한 업무 수행과 높은 인격으로 바벨론의 번영을 구했습니다.

3. 세상의 소금

마태복음 5:13에서 예수님께서는 이렇게 말씀하셨습니다. "너희는 세상의 소금이니 소금이 만일 그 맛을 잃으면 무엇으로 짜게 하리요? 후에는 아무 쓸데없어 다만 밖에 버리워 사람에게 밟힐 뿐이니라." 예수님께서는 제자들에게 도전하고 계셨습니다. 소금이 음식 재료 속에 들어가 그것을 보존하고 맛을 내듯이 세상 속에 들어가 세상에 영향을 미치고 세상을 바꾸라고 말입니다. 소금이 음식 밖에 나와 있으면 제 기능을 온전히 발휘할 수가 없습니다. 음식 속으로 들어가야 합니다. 속에 넣어져 버무려져야 합니다. 그렇게 할 때 소금의 짠맛이 그 속으로 들어가 작용을 하게 되고, 음식이 부패하지 않도록 보존하며 맛을 내게 됩니다. 따라서 예수님의 왕국 공동체는 세상 속에 들어가 세상을 부패하지 않도록 보존하고 맛을 내어야 합니다. 소금과 같이 되기 위해서는, 세상의 여러 영역 속으로 깊이 스며들어 가야 합니다. 무엇보다도 형편이 쉽게 나아질 수 없는 곳, 깨어진 곳, 그래서 사랑과 의로 수선이 필요한 곳으로 들어가야 합니다. 이런 곳으로부터 도망쳐 나와서는 안 됩니다.

예수님께서는 이와 유사한 비유로 누룩의 비유를 사용하셨습니다. 마태복음 13:33에서 예수님께서는 이렇게 말씀하셨습니다. "천국은 마치 여자가 가루 서 말 속에 갖다 넣어 전부 부풀게 한 누룩과 같으니라." 누룩은 소금의 비유를 좀 더 확장시킵니다. 누룩은 살아 있는 유기체입니다. 숙주 속에 침투해 들어가 그 과정에서 숙주를 변화시킵니다. 바꿔 놓되 더 좋게 바꿔 놓습니다. 최종 산물은 폭신하고 부드럽고 향기 나는 맛있는 빵입니다. 예수님의 왕국 공동체는 사회 속에 침투해 들어가 그 사회를 사랑과 의가 충만한 사회로 아름답게 바꿔 놓아야 합니다. 거기에서 도망쳐 나와서는 안 됩니다.

이 과정에서 많은 그리스도인들이 세상에 오염될까 봐 두려워합니다. 이 점은 어떻게 생각해야 되는 걸까요? 오염이 되는 일은 실제로 일어날 수 있고 일어나고 있습니다. 많은 그리스도인들이 세상의 유혹에 굴복하여 무릎을 꿇기도 했습니다. 그러나 그런 일이 일어난 이유는 우리가 우선 소금이 아니었기 때문입니다. 겉모습이 소금처럼 보였을 뿐, 소금처럼 보이는 다른 어떤 것이었을 수도 있습니다. 그래서 본래부터 짠맛이 없었던 것입니다. 따라서 속에 넣어졌을 때 더 이상 아무것도 짜게 하지도 좋게 하지도 못합니다. 그다음에 뒤이어 일어나는 일이 부패에 오염되는 것입니다. 방향이 잘못되었습니다. 우리가 세상에 영향을 주어야 하는데 도리어 반대로 세상이 우리에게 영향을 준 것입니다.

이유는 여러 가지가 있을 수 있습니다. 어쩌면 우리가 예수님과 친밀하고 생명력 있는 관계를 유지하지 않았기 때문일 수도 있습니다. 또는 다니엘의 친구처럼 우리의 믿음을 지원해 줄, 같은 믿음과 마음을 가진 친구들과의 교제가 없었기 때문일 수도 있습니다. 어쩌면 우리를 둘러싼 환경이 골리앗처럼 커 보여서 겁을 먹고 있기 때문일 수도 있습니다. 이유가 무엇이든 우리는 소금이 되어 짠맛을 내야 하는데 그렇게 되지 못한 것입니다.

내게는 테리라는 친구가 있습니다. 광고 컨설팅 업체를 운영하고 있는데 그 분야 업계에서 최상위에 속합니다. 그 업종에 종사하는 사람들이나 고객들을 보면 가치관이 뼛속들이 철저히 세상적인 경우가 많습니다. 또한 그들은 오직 돈만을 좇고 있습니다. 하지만 그는 그 속에서 움츠러들기보다는 그런 사람들에 대하여 분명한 성경적 입장을 가지고, 일을 매개체로 활용하여, 복음의 원리와 내용을 자연스럽게 일이나 대화에 끌어들입니다. 또한 성경적 주제를 자신이 진행하는 프로젝트 속으로 세심하게 들여옵니다. 하나님께서는 같은 마음을 가진 사람들을 보내주십니다. 기꺼이 그의 회사에서 일하고 싶어 합니다. 그는 프로젝트를 진행하면서 그 작업에 참여하는 사람들에게 자기 이야기를 마음껏 하도록 허락합니다. 이는 그의 전략이기도 합니다. 그는 자기가 운영하는 회사를 통해, 그리고 자기가 진행하고 있는 프로젝트를 통해 그 사회에서 소금이 되기를 추구하고 있습니다. 그는 이렇게 말했습니다. "저는 다니엘처럼 되고 싶습니다!" 세상의 소금이 될 수 있는 사람들, 그리고 그리스도의 향기를 널리 세상에 풍기는 사람들이 더 많이 있기를 바랍니다.

4. 세상의 빛

예수님께서는 마태복음 5:14-16에서 이렇게 말씀하셨습니다. "너희는 세상의 빛이라. 산 위에 있는 동네가 숨기우지 못할 것이요, 사람이 등불을 켜서 말 아래 두지 아니하고 등경 위에 두

나니, 이러므로 집안 모든 사람에게 비취느니라. 이같이 너희 빛을 사람 앞에 비취게 하여 저희로 너희 착한 행실을 보고 하늘에 계신 너희 아버지께 영광을 돌리게 하라." 여기에서 주님께서는 또 하나의 원리를 말씀하여 주십니다. 그리스도인들이 세상을 향해할 때 따를 원리입니다. 다니엘의 경우에서 이를 봅니다. 그는 바벨론 조정의 가장 높은 자리에서 섬겼습니다.

하나님께서는 다니엘과 세 친구의 삶을 사용하셨습니다. 바벨론의 왕들과 메데와 바사의 왕들에게 하나님을 증거하는 증인이 되게 하셨습니다. 느부갓네살왕의 경우에, 하나님에 대한 이해 수준이 점점 발전되어 가다가 마침내는 하나님께 영광을 돌리는 수준에까지 다다른 모습을 볼 수 있습니다. 다니엘 2장에서 왕은 도저히 불가능한 일을 명령했습니다. 자기가 무슨 꿈을 꾸었는지 밝히고 그것을 정확하게 해석까지 하라고 했습니다. 하나님께서는 다니엘에게 그 꿈의 내용을 세세하게 알려 주셨고, 또한 그 해석도 알려 주셨습니다. 다니엘이 왕에게 한 증거는 다음과 같이 시작됩니다. "오직 은밀한 것을 나타내실 자는 하늘에 계신 하나님이시라"(28절). 자기가 꾼 꿈을 다니엘이 정확히 그대로 다시 말할 뿐 아니라 그 해석까지도 말하자 왕은 깜짝 놀랐습니다. 왕은 다음과 같이 시인했습니다. "너희 하나님은 참으로 모든 신의 신이시요 모든 왕의 주재시로다. 네가 능히 이 은밀한 것을 나타내었으니, 네 하나님은 또 은밀한 것을 나타내시는 자시로다"(47절). 이 시점에서 느부갓네살의 하나님 개념은 "너희 하나님", "네 하나님"입니다. 아직은 "나의 하나님"이나 "내가 하나님을 경배한다"가 아닙니다.

그다음 다니엘 3장에는 다니엘의 세 친구와 연관된 사건이 나옵니다. (성경은 이 사건이 일어날 때 다니엘이 어디에 있었는지에 대해서는 침묵합니다. 아마도 다른 지방에 멀리 떠나 있었을지도 모릅니다.) 느부갓네살왕은 그들을 극렬히 타는 뜨거운 풀무 속으로 던져 넣었습니다. 이때 왕은 보통 때와는 아주 다른 특이한 경험을 했습니다. 세 명을 결박하여 풀무 불 속에 던졌는데, 네 번째 인물이 그 불 속을 걸어 다니고 있는 것을 보았습니다. 다른 세 사람과 함께 묶이지 않고 살아 있는 채로 있었습니다. 평소 온도보다 7배나 더 뜨겁게 가열한 그 극렬한 불 속에서도 하나도 데지 않았습니다. 왕은 그 네 번째 인물에 대해 이렇게 말합니다. "그 넷째의 모양은 신들의 아들과 같도다"(25절). 그 세 사람을 보호하는 천상의 존재였습니다. 이전의 교만하고 분노하던 왕은 목소리 톤을 바꾸었습니다. 이제 그 세 사람을 "지극히 높으신 하나님의 종"이라고 부릅니다. "사드락과 메삭과 아벳느고의 하나님"을 찬양합니다. 아직은 완전히 믿음 안에 있는 것은 아니었습니다. "사드락과 메삭과 아벳느고의 하나님"이지 "나의 하나님"이 아니었기 때문입니다. 그리고 조서를 내려, 무릇 사드락과 메삭과 아벳느고의 하나님께 함부로 말하는 자, 그분에 대하여 불경스러운 말을 입에 담는 자는 누구든지 엄한 형벌에 처하겠다고 했습니다. 그 이유는 이같이 사람을 구원할 다른 신이 없기 때문이라고 했습니다. 물론 그가 하나님께 굴복하려면 아직 멀었습니다.

다니엘 4장에는 세 번째 만남이 기록되어 있습니다. 이번에도 다니엘은 느부갓네살왕이 꾼 꿈을 해석해 주었습니다. 느부갓네살이 낮아지게 되는 꿈이었습니다. 7년 동안 왕은 정신이 이상해져 짐승처럼 살 것입니다. 왕이 "지극히 높으신 자" 곧 하나님을 영화롭게 하며 경배할 때까지 그렇게 될 것입니다. 다니엘은 분명하게 느부갓네살에게 경고하였습니다. "그런즉 왕이여, 나의 간하는 것을 받으시고, 공의를 행함으로 죄를 속하고, 가난한 자를 긍휼히 여김으로 죄악을 속하소서. 그리하시면 왕의 평안함이 혹시 장구하리이다"(27절). 왕은 다니엘의 충고를 무시했고 1년 후에 정신이 이상해졌습니다. 기적적으로 정상으로 회복된 후에 왕은 지극히 높으신 하나님의 권세를 깨닫고 하나님을 경배하였습니다. 그가 한 경배의 말은 다시 한번 읽어 볼 만합니다.

그 기한이 차매 나 느부갓네살이 하늘을 우러러 보았더니, 내 총명이 다시 내게로 돌아온지라, 이에 내가 지극히 높으신 자에게 감사하며, 영생하시는 자를 찬양하고 존경하였노니, 그 권세는 영원한 권세요, 그 나라는 대대로 이르리로다. 땅의 모든 거민을 없는 것같이 여기시며, 하늘의 군사에게든지, 땅의 거민에게든지 그는 자기 뜻대로 행하시나니, 누가 그의 손을 금하든지 혹시 이르기를, "네가 무엇을 하느냐?" 할 자가 없도다. (34-35절)

느부갓네살왕은 개인 기도를 이렇게 마무리했습니다.

그러므로 지금 나 느부갓네살이 하늘의 왕을 찬양하며 칭송하며 존경하노니, 그의 일이 다 진실하고 그의 행하심이 의로우시므로 무릇 교만하게 행하는 자를 그가 능히 낮추심이니라. (37절)

느부갓네살왕은 이제 하나님을 자기의 하나님으로 여겼습니다! 그가 초기에 보여 주었던 하나님에 대한 관점과 비교하면 얼마나 놀라운 변화인지 모릅니다. 다니엘은 왕에게 왕이 범한 죄를 말하고 나서 왕에게 요구되는 하나님의 의로운 길을 제시했습니다. 느부갓네살왕에게 다니엘은 한 줄기 빛이었습니다. 회심이라고 결론지을 수 있는 지점까지 왕을 이끌었습니다.

다니엘 5장에 나오는 벨사살왕의 경우에, 다니엘은 강하고 분명한 증인이었습니다. 느부갓네살왕에게 했던 그대로였습니다. 꿈의 해석자로서 명성이 높고 자자했기에, 다니엘은 즉시로 왕궁에 불려 갔습니다. 벽에 쓰인 정체불명의 네 단어를 해석하라는 명을 받았습니다. 벨사살왕을 대면할 때, 다니엘은 담대하게 이렇게 아뢰었습니다.

벨사살이여, 왕은 그의 아들이 되어서 이것을 다 알고도, 오히려 마음을 낮추지 아니하고 도리어 스스로 높여서 하늘의 주재를 거역하고, 그 전 기명을 왕의 앞으로 가져다가 왕과 귀인들과 왕후들과 빈궁들이

다 그것으로 술을 마시고, 왕이 또 보지도 듣지도 알지도 못하는 금, 은, 동, 철과 목, 석으로 만든 신상들을 찬양하고, 도리어 왕의 호흡을 주장하시고 왕의 모든 길을 작정하시는 하나님께는 영광을 돌리지 아니한지라, 이러므로 그의 앞에서 이 손가락이 나와서 이 글을 기록하였나이다. (22-24절)

다니엘이 그 글자를 해석하고 심판의 메시지를 전달했을 때에도, 벨사살왕은 조금도 뉘우침이나 겸손한 태도를 보이지 않았습니다. 바로 그날 밤 그는 왕궁을 포위한 메데와 바사의 군대에 죽임을 당하였습니다.

다니엘 6장을 보면, 다니엘이 다리오 통치하에서 나라의 총리로 임명되었을 무렵, 그는 어느덧 8-90대 노인이 되었습니다. 바로 이때였습니다. 그는 예레미야가 예언한 70년의 포로 기간이 끝나리라는 것을 깨닫게 되었습니다. 이를 깨달은 다니엘은 예루살렘으로의 귀환을 위해 기도하는 일에 헌신했습니다. "내가 금식하며 베옷을 입고 재를 무릅쓰고 주 하나님께 기도하며 간구하기를 결심하고, 내 하나님 여호와께 기도하며 자복하여 이르기를, '크시고 두려워할 주 하나님, 주를 사랑하고 주의 계명을 지키는 자를 위하여 언약을 지키시고 그에게 인자를 베푸시는 자시여'"(다니엘 9:2-4 참조). 그는 자기 집의 예루살렘으로 향하여 열린 창 앞에서 얼굴을 예루살렘으로 향하고 하루에 세 번씩 기도하였습니다. 다니엘을 시기하던 다른 관리들은 다니엘이 높아지는 것을 자기네 지위를 위태롭게 하는 위협으로 보았고, 그래서 다니엘을 끌어내릴 음모를 꾸몄습니다. 지금부터 왕 외에 어느 신이나 사람에게나 어떤 기도도 해서는 안 된다는 조서에 다리오왕이 서명을 하도록 획책했습니다. 만일 어길 시에는 사자 굴에 던져 넣는다는 조서였습니다. 드디어 왕의 조서가 반포되었습니다. 하지만 다니엘은 그 조서를 보고도 겁을 먹지 않았고 평소 하던 대로 기도했습니다. 결국 음모를 꾸민 자들에게 발각되었습니다. 다리오왕은 이전에 다니엘의 탁월성, 지위, 신앙을 틀림없이 알고 있었을 터입니다. 또한 자신이 그들에게 조종당했다는 사실을 알게 되어 다니엘을 구하려고 했지만 수포로 돌아갔습니다. 다리오왕이 할 수 있는 것이라고는 희망의 말을 하는 정도였습니다. "너의 항상 섬기는 네 하나님이 너를 구원하시리라"(다니엘 6:16). 다니엘은 하나님께 대한 믿음으로 말미암아 사자들에게 해를 당하지 않았습니다. 왕은 다니엘이 기적적으로 구원을 받게 된 것을 심히 기뻐하였습니다.

다리오왕은 전국에 조서를 내려 선포하였습니다. 느부갓네살 왕의 조서처럼 개인적이지는 않을지라도, 하나님의 초월성에 대한 의미 있는 인식이 나타나 있었습니다. 다니엘 6:25-27은 하나님을 경외하는 다리오왕의 태도를 기록하고 있습니다.

이에 다리오왕이 온 땅에 있는 모든 백성과 나라들과 각 방언하는 자들에게 조서를 내려 가로되, "원컨대 많은 평강이 너희에게 있을지어다. 내가 이제 조서를 내리노라. 내 나라 관할 아래 있는 사람들은 다 다니엘의 하나님 앞에서 떨며 두려워할지니, 그는 사시는 하나님이시요, 영원히 변치 않으실 자시며, 그 나라는 망하지 아니할 것이요, 그 권세는 무궁할 것이며, 그는 구원도 하시며 건져내기도 하시며, 하늘에서든지 땅에서든지 이적과 기사를 행하시는 자로서 다니엘을 구원하여 사자의 입에서 벗어나게 하셨음이니라" 하였더라.

이 일을 통해 분명히 알 수 있는 점은, 하나님께서 다니엘을 바벨론과 메대-바사 왕국의 중심부에 두셨다는 사실입니다. 왕들과 관리들에게 빛과 증인이 되라고 하신 것입니다. 다니엘의 충성됨과 일에서의 탁월성을 통하여, 그들은 하나님을 언뜻 보았습니다. 그들에게 보여 주신 기적적인 이적과 기사들을 통하여, 지극히 높으신 하나님의 존재가 확고해졌습니다. 실로 만유 위에 뛰어나신 하나님의 영광과 권세가 고위 관리들과 왕들에게 분명히 드러나게 되었습니다. 그들은 무릎을 꿇고 경배했습니다. 어떤 이는 아주 분명하게 굴복했고, 어떤 이는 덜 분명하게 굴복했습니다.

다니엘과 세 친구의 삶 속에서 확실히 볼 수 있는 원리는, 하나님께서 신자들을 세상 속에 두실 때에는 어떤 목적이 있다는 사실입니다. 그 목적이란 그들이 세상의 지도자들과 왕들과 통치자들에게 살아 있는 증거가 되는 것입니다. 모든 사람이 정상의 자리에 승진하거나 임명되진 않습니다. 사회에서 차지하는 우리의 위치나 서열이 무엇이든, 우리가 해야 할 우선적이고 일차적인 역할은 소금과 빛이 되는 것입니다. 궁극적인 목표는 가장 높은 위치에 있는 사람들이 "하나님은 살아 계신 하나님이다" 또는 "하나님은 참으로 모든 신의 신이시요 모든 왕의 주재시로다"라고 고백하는 것입니다(다니엘 2:47 참조).

어떤 사회에서 가장 높은 위치에 있는 사람들, 이를테면 왕, 대통령, 총리, 또는 CEO 들은 외부인이 들어가 증거하기가 아주 어렵게 보일 수도 있습니다. 그러나 하나님께서는 자신의 방법과 도구를 가지고 계십니다. 하나님께서는 자기 종들을 그 나라나 회사나 조직에서 가장 높은 위치에 두셔서 자기의 증인이 되도록 하십니다.

5. 가장 높은 자리에서의 온전성

온전성이란 자신이 갖고 있는 내적 원리가 외적 삶과 일치되어 있는 상태를 말합니다. 이는 마음에서 시작됩니다. 우리가 믿는 것이 우리 행위의 기초가 되어야 합니다. 그것은 도덕적인 영역과 같은 데에서부터 금전상의 정직성에 이르기까지 삶의 모든 영역을 아우릅니다. 다니엘의 삶은 청렴과 정직에서 온전함이 얼마나 중요한지를 보여 줍니다.

부패의 역사는 인간이 만든 제도만큼이나 오래되었습니다. 뇌물을 주고받는다든지, 공적인 돈을 사적으로 사용하거나 빼돌린다든지, 권력을 남용하거나 오용한다든지 하는 일은 그동안 역사에서 흔히 일어나는 일입니다. 어떤 나라에서는 이런 일이 고질적인 병폐가 되어 있습니다. 다니엘 당시에도 그랬고 지금도 그렇습니다.

다니엘 5장에 보면, 다니엘은 직무를 수행하는 과정에서, "박수와 술객과 갈대아 술사와 점장이의 어른"으로서, 꿈이나 초자연적인 사건을 해석하라는 명을 받았습니다. 다니엘의 전문적 능력은 태후가 기억하고 있을 정도였습니다. 태후는 벨사살왕에게, 다니엘을 불러서 벽 위에 쓰인 글씨를 해석하게 하면 해결될 것이라고 조언했습니다. 왕은 다니엘을 불러 그 글씨를 해석하면 존귀와 큰 상을 내리겠다고 했습니다. 그러나 다니엘이 보인 반응은 이랬습니다. "왕의 예물은 왕이 스스로 취하시며 왕의 상급은 다른 사람에게 주옵소서. 그럴지라도 내가 왕을 위하여 이 글을 읽으며 그 해석을 아시게 하리이다"(17절). 이 말은 왕의 상급을 무시하는 공격적인 말로 들릴 수도 있습니다. 그러나 그는 오직 진실한 마음에서 한 말이었습니다. 그 말은 금전적 보상을 위해서나 개인적 영광을 위해서 한 것이 아니었습니다. 그는 왕에게 임할 심판과 연관하여, 하나님의 더 크고 높은 목적 가운데서 하나님을 섬기고 있었습니다. 벽 위의 글씨를 해석한 후에 다니엘은 왕의 말대로 존귀를 얻었습니다. 하지만 분명한 사실은, 그는 승진이나 금전적 상급을 전혀 생각하지 않고 자기가 마땅히 할 바를 하였습니다. 상급과 승진은 그 자체로는 잘못된 것이 아니지만 우리는 너무도 자주 자기가 하는 일보다 상급과 승진을 탐냅니다. 다니엘은 자기의 온전함을 더럽히기를 원치 않았습니다. 주위 사람들이 그를 시기하여 아무리 거짓 고소를 하더라도 자신의 온전함을 굳게 지켰습니다.

이 사건 직후 왕조가 바뀌었습니다. 메대 사람 다리오가 새로운 통치자가 되었습니다(다니엘 5:30-31). 다니엘 6장에 보면, 이와 함께 다리오는 방백 120명을 세워 전국을 통치하게 하고, 그들 위에 총리 셋을 두었는데, 다니엘은 세 총리 중 하나가 되었다가, 얼마 후 수석 총리로 승진되었습니다. 이처럼 행정 조직을 개편한 이유는 왕국의 자원에 대한 책임 소재를 더 명확히 하고 효율적으로 관리하기 위해서였습니다. 분명한 사실은, 여러 가지 부패로 제국의 자원이 고갈되고 있었다는 것입니다(2절). 다니엘이 수석 총리로 승진하게 된 이유가 3절에 나옵니다. "다니엘은 마음이 민첩하여 총리들과 방백들 위에 뛰어나므로 왕이 그를 세워 전국을 다스리게 하고자 한지라." "마음이 민첩하여"라는 말은 문자적으로 "영이 탁월하여"라는 뜻입니다. 그는 '탁월한 영'의 소유자였습니다. 이는 다니엘의 내적 성품과 자질을 묘사합니다. 그는 온전성을 지닌 사람이었습니다. 기술적이거나 행정적인 능력도 뛰어났겠지만 그보다는 내적 성품과 자질이 뛰어났다는 뜻입니다.

이 점은 조직의 부패를 근절하기 위해 임명된 왕국의 최고위 자리에 아주 잘 들어맞았습니다.

6. 일에서의 탁월성

처음부터 다니엘과 그 친구들은 그들이 하는 모든 일에서 탁월성을 보여 주었습니다. 왕에게 시험을 받을 때, 네 명은 모두 지혜롭게 대답했고 모든 구두시험에서 A를 받았습니다. "왕이 그들과 말하여 보매, 무리 중에 다니엘과 하나냐와 미사엘과 아사랴와 같은 자 없으므로, 그들로 왕 앞에 모시게 하고, 왕이 그들에게 모든 일을 묻는 중에 그 지혜와 총명이 온 나라 박수와 술객보다 십 배나 나은 줄을 아니라"(다니엘 1:19-20). 이는 네 젊은이가 천문, 수학, 건축, 문학 등 아카드와 수메르의 모든 학문을 통달했다는 의미입니다. 그들은 또한 왕의 요구대로 점성술을 공부했고 점성술의 저작들을 이해했습니다. 그러나 그들은 점성술을 실행한 적이 없었습니다. 그들의 탁월성의 근원은 바로 하나님이었습니다. "하나님이 이 네 소년에게 지식을 얻게 하시며 모든 학문과 재주에 명철하게 하신 외에 다니엘은 또 모든 이상과 몽조를 깨달아 알더라"(17절). 그들은 탁월한 지성과 역량을 부여받았습니다. 그 시대를 향한 하나님의 목적을 섬기기 위해서입니다.

느부갓네살왕이 점쟁이들에게 자신이 꾼 꿈을 말한 다음 그 것을 해석하도록 명령하였습니다. 그것은 불가능한 과제이었습니다. 그런데 다니엘은 하나님께서 주신 능력으로 그것을 해낼 수 있었습니다. 왕은 자신이 선포한 조서에서 그 사실을 시인했습니다. "나 느부갓네살왕이 이 꿈을 꾸었나니, 너 벨드사살아 그 해석을 밝히 말하라. 내 나라 모든 박사가 능히 그 해석을 내게 알게 하지 못하였으나 오직 너는 능히 하리니, 이는 거룩한 신들의 영이 네 안에 있음이니라"(다니엘 4:18). "거룩한 신들의 영"이란 말이 다니엘 4:8-9, 5:11에서 반복되고 있음을 주목하십시오.

수십 년에 걸쳐서 다니엘은 모든 면에서 탁월하였습니다. 이 사실을 그 통치 기간의 여러 왕과 많은 관리들은 잘 알고 있었습니다. 다니엘을 시기하여 제거하려고 했던 자들까지도 그것을 알았습니다. 그들은 아무것에서도 그의 흠을 잡을 수가 없었습니다. "이에 총리들과 방백들이 국사에 대하여 다니엘을 고소할 틈을 얻고자 하였으나 능히 아무 틈, 아무 허물을 얻지 못하였으니, 이는 그가 충성되어 아무 그릇함도 없고 아무 허물도 없음이었더라"(다니엘 6:4). 그는 업무 수행 면에나 개인 윤리 면에서나 아무 흠이 없었습니다. 위에서 얘기했듯이 대적들이 어떤 틈이나 허물을 발견할 수 있는 유일한 영역이 그의 신앙과 연관된 것이었습니다.

탁월성은 흔한 것이 아닙니다. 한 사람의 삶과 일에서 탁월성이 분명하게 드러날 때 이는 그 사람을 따로 구별되게 합니다. 잠언 22:29에서 이렇게 말씀합니다. "네가 자기 사업에 근실한 사람을 보았느냐? 이러한 사람은 왕 앞에 설 것이요 천한 자 앞에 서지 아니하리라." 일(직무)에서의 탁월성은 일꾼들로 왕을 섬기는 위치로 나아가게 합니다. 이 원리는 다니엘의 삶에서 분명하게 입증됩니다. 다니엘 12:3에서 천사가 다니엘을 칭찬할 때 울려 퍼지고 있습니다. "지혜 있는 자는 궁창의 빛과 같이 빛날 것이요, 많은 사람을 옳은 데로 돌아오게 한 자는 별과 같이 영원토록 비취리라." 여기서 사용된 '지혜 있는'이라는 단어는 '사칼(sakal)'인데, 하나님으로부터 오는 지혜와 능력을 가지고 있는 자들을 묘사하는 데 여러 번 사용되었습니다. 바벨론의 현자들을 묘사하는 데 흔히 쓰는 '하킴(hakim)'과는 다릅니다. 이러한 높임은 다니엘이나 그와 같은 자들에게 적합합니다. 매일의 삶에서 세상에 빛과 같았던 자들입니다. 이 빛은 하나님의 심판 때 별이 됩니다.

신약성경에서 사도 바울은 성도들에게 권면합니다. 특히 하는 일 자체가 말 그대로 힘든 노예들에게 이렇게 권면합니다. "종들아, 모든 일에 육신의 상전들에게 순종하되, 사람을 기쁘게 하는 자와 같이 눈가림만 하지 말고, 오직 주를 두려워하여 성실한 마음으로 하라. 무슨 일을 하든지 마음을 다하여 주께 하듯 하고 사람에게 하듯 하지 말라"(골로새서 3:22-23). 탁월성은 성실한 마음에서 나옵니다. 마음을 다하는 태도에서 나오며 무슨 일이든 주님께 하듯 하는 데서 나옵니다. 그들의 주인이나 고용주를 기쁘게 하려는 데서가 아니라, 하나님을 향한 경외심에서 나옵니다.

마지막으로, 우리에게는 우리 주 예수님의 본이 있습니다. 예수님께서 하시는 일을 본 사람들이 이렇게 평가했습니다. "사람들이 심히 놀라 가로되, '그가 다 잘하였도다. 귀머거리도 듣게 하고 벙어리도 말하게 한다' 하니라"(마가복음 7:37). 그들은 심히 놀랐습니다. 예수님께서는 모든 일을 다 잘하셨습니다. 불가능하다고 여겨지는 일들을 포함하여 탁월하게 하셨습니다.

7. 서로 책임지는 그룹의 일원이 되라

다니엘서의 첫 세 장에서 다니엘과 세 친구를 봅니다. 그들의 유대 관계는 수십 년 동안 계속되는데 여기에서 한 가지 중요한 원리를 엿볼 수 있습니다. 새로운 이방 세계 속으로 들어가는 과정에서 그들의 우정은 서로를 격려해 주었습니다. 함께 함으로 그들의 확신은 견고하게 되었습니다. 다니엘 2장에 보면 바벨론의 모든 박사를 다 멸하라는 왕명이 내려져 다니엘과 그 친구들도 죽이려고 찾았습니다. 다니엘이 시위대 장관을 찾아가 명철하고 슬기로운 말로 박사들을 죽이길 늦춰 달라고 하였는데, 그때에도 그는 자기뿐 아니라 세 친구를 위해 요청을 하고 있었습니다. 이야기는 계속됩니다. "이에 다니엘이 자기 집으로 돌아가서 그 동무 하나냐와 미사엘과 아사랴에게 그 일을 고하고, 하늘에 계신 하나님이 이 은밀한 일에 대하여 긍휼히 여기사 자기 다니엘과 동무들이 바벨론의 다른 박사와 함께 죽임을 당치 않게 하시기를 그들로 구하게 하니라"(17-18절). 그들은 이처럼 굳건한 연대를 이루고 있었으며, 동일한 믿음의 확신을 공유하고 있었습니다. 그들은 함께 기도하였습니다. 바로 그날 밤 하나님께서는 밤에 이상으로 왕이 꾼 은밀한 꿈을 나타내 보여 주셨습니다(19절). 다니엘은 하나님께서 보여 주시는 이상을 보게 되었고, 이로써 그들이 맞닥뜨린 위험을 막게 되었습니다.

전도서 4:9-12은 이렇게 말합니다.

두 사람이 한 사람보다 나음은 저희가 수고함으로 좋은 상을 얻을 것임이라. 혹시 저희가 넘어지면 하나가 그 동무를 붙들어 일으키려니와, 홀로 있어 넘어지고 붙들어 일으킬 자가 없는 자에게는 화가 있으리라. 두 사람이 함께 누우면 따뜻하거니와 한 사람이면 어찌 따뜻하랴? 한 사람이면 패하겠거니와 두 사람이면 능히 당하나니, 삼 겹 줄은 쉽게 끊어지지 아니하느니라.

'함께'하면 분명히 더 '좋은 상'을 얻게 됩니다. 하나님의 백성들이 믿음 가운데 한마음 한뜻으로 함께할 때 많은 유익을 얻습니다. 서로 돕고 서로 지원해 주게 됩니다. 사탄의 공격을 더 잘 방어할 수 있습니다. 이를 통해 각 사람은 자기의 생존을 위해 같은 마음을 가진 사람들과 그룹을 형성하여 더욱 연대하고자 하는 마음을 갖게 됩니다. 그 그룹이 서로에게 강한 책임을 지는 그룹으로 성장하여, 마음과 삶을 투명하게 나누고 말씀과 기도 가운데 삶의 여러 필요와 문제를 가지고 함께 씨름한다면 더욱 좋을 것입니다.

우리는 '홀로 있는' 사람이 되어서는 안 됩니다. 거칠고 도전적인 세상의 환경 속에서 혼자서 활동하고 살아가는 사람이 되어서는 안 됩니다. 세속적인 세계 속에서 믿음의 선한 싸움을 싸우다가 '사상자'들이 많이 생기는 이유 중 하나는 그리스도인의 교제가 없이 혼자 있을 때입니다. 우리는 세상에 참여할 때 개인주의적으로 접근해서는 안 됩니다. 흩어져 혼자 있으면 사탄의 공격 대상으로 표적이 되기 쉽습니다. 사탄은 혼자 있는 사람을 두루 다니며 찾고 있습니다. 세상 물정을 모르고 순진하게 혼자서 돌진하고, 혼자서 문제를 맞닥뜨리고, 그러다가 세상에 압도당하고, 결국에는 신앙마저 잃어버립니다.

세속 세계에서 영적 성공 여부를 판단하는 리트머스 시험지와 같은 것이 무엇일까요? 일을 통해 얻은 물질적 축복일까요?

세상 조직 속에서 성취한 지위나 업적일까요? 모두 아닙니다. 그것은 다름 아닌 소금과 빛으로서 주님을 위하여 성취한 것입니다. 나의 동료들과 상관들은 나의 행동과 말 속에서 예수님의 삶을 보고 있습니까? 그들은 나의 삶과 일을 통하여 참되시고 살아 계신 하나님의 행사를 인식하고 있습니까? 나의 삶을 통해 그리스도의 향기가 다른 사람들에게 퍼져 나가고 있습니까? 이는 우리 각자가 물어야 할, 힘들지만 꼭 해야 할 질문입니다.

묵상 및 적용

1. 헌신된 그리스도인으로서 살아가고자 할 때 일터와 이웃에서 맞닥뜨리게 되는 도전은 무엇입니까?

2. 다니엘 이야기에서 제시한 일곱 가지 원리 중 현재 당신 상황에 가장 중요한 것은 무엇입니까?

3. 당신의 일터에서 탁월성이 필요하다는 생각이 든다면, 주위 동료들에게 탁월성을 나타내기 위해 어떤 모습을 보여야 합니까?

4. 당신이 영향을 미치는 생활권에서 어떻게 하나님을 증거하는 증인이 될 수 있습니까?

이러므로 너희가 더욱 힘써 너희 믿음에 도덕적 탁월함을, 도덕적 탁월함에 지식을… 공급하라.

- 베드로후서 1:5-7(NASB)

7

에스더의 자기 부인:
죽으면 죽으리이다

> 하나님의 사람들은 대체로
> 평범한 보통 사람들입니다.
> 그들이 비범하게 된 것은
> 하나님께서 그들에게 주신
> 비범한 목적 때문입니다.
> - 오스왈드 체임버스

에스더의 자기 부인: 죽으면 죽으리이다

13모르드개가 그를 시켜 에스더에게 회답하되, "너는 왕궁에 있으니 모든 유다인 중에 홀로 면하리라 생각지 말라. 14이때에 네가 만일 잠잠하여 말이 없으면 유다인은 다른 데로 말미암아 놓임과 구원을 얻으려니와, 너와 네 아비 집은 멸망하리라. 네가 왕후의 위를 얻은 것이 **이때를 위함이 아닌지 누가 아느냐?**" 15에스더가 명하여 모르드개에게 회답하되, 16"당신은 가서 수산에 있는 유다인을 다 모으고 나를 위하여 금식하되 밤낮 삼 일을 먹지도 말고 마시지도 마소서. 나도 나의 시녀로 더불어 이렇게 금식한 후에 규례를 어기고 왕에게 나아가리니, **죽으면 죽으리이다.**" (에스더 4:13-16)

에스더의 이야기는 참으로 놀라운 이야기입니다. 주전 5세기 후반 바사의 통치 기간에 하나님께서 어떻게 개별적인 여러 사건을 오케스트라처럼 지휘하여 자기 백성의 대학살을 막으셨는지를 이야기합니다. 또한 놀라운 점은, 예정된 인종 대학살 계획을 번복시키는 핵심 역할이 에스더에게 떨어졌다는 사실입니다. 포로의 후예인 한 여인이 외국 땅에서 후궁으로 선발되었다가 이어 갑자기 왕후 자리에 오르게 되었습니다. 아주 흥미진진한 읽을거리입니다. 갑자기 그녀는 이야기의 중심인물이 됩니다. 구원자 에스더, 사느냐 죽느냐? 그녀는 자기 목숨을 걸고 모험을 해야 하는 역사적인 결정을 과연 어떻게 할 것인가?

에스더의 세계

이야기는 바사 왕국의 수산에서 일어납니다. 아하수에로 치하였습니다. 아하수에로는 약 주전 486년에서 465년까지 통치했습니다. 그가 통치를 시작한 지 오래지 않아, 그리스 역사가 헤도로투스는 그 위대한 왕을 잔인하고 예측 불가능한 인물로 묘사했습니다. 그 왕이 한 말이 페르세폴리스에서 발견된 한 기념비에 기록되어 있습니다. "나는 크세르크세스, 위대한 왕, 유일한 왕, 모든 언어를 사용하는 모든 나라의 왕, 광대한 땅의 왕이다." 그의 왕국은 동으로는 인도로부터 서로는 에디오피아에 이르기까지 광대하게 뻗쳐 있었습니다. 이는 모두 고레스 대왕과 자신의 아버지 다리오 1세와 같은 선대왕들로부터 물려받은 것이었습니다.

바사의 법은 강력한 집행으로 유명하였습니다. 한번 반포된 조서는 바꾸거나 고칠 수 없었습니다. 아하수에로왕이 두 번째 조서를 반포하여 각처의 유대인들이 스스로를 방어하고 보호할 것을 허락한 이유가 여기에 있습니다. "너희는 왕의 명의로 유다인에게 조서를 뜻대로 쓰고 왕의 반지로 인을 칠지어다. 왕의 이름을 쓰고 왕의 반지로 인친 조서는 누구든지 취소할 수 없음이니라"(에스더 8:8). 에스더보다 50년도 더 전에 다니엘은 다리오의 치세하에서 섬겼습니다. 그때도 동일했습니다. 다니엘 6:15에 압축해서 보여 주고 있습니다. "그 무리들이 또 모여 왕에게로 나아와서 왕께 말씀하되, '왕이여, 메대와 바사의 규례를 아시거니와 왕의 세우신 금령과 법도는 변개하지 못할 것이니이다.'"

그것은 크나큰 공식 행사였습니다. 참으로 웅장하고 화려하여 왕국의 찬란함을 보여 주었습니다. 180일 동안이나 열리는 연회를 상상해 보십시오. "위에 있은 지 삼 년에 그 모든 방백과 신복을 위하여 잔치를 베푸니, 바사와 메대의 장수와 각 도의 귀족과 방백들이 다 왕 앞에 있는지라, 왕이 여러 날 곧 일백팔십일 동안에 그 영화로운 나라의 부함과 위엄의 혁혁함을 나타내니라"(에스더 1:3-4). 잔치는 180일 동안이나 계속되었고, 그 잔치에서 아하수에로왕은 자기 왕국의 부와 위엄과 영광을 마음껏 뽐냈습니다. 왕국의 보물과 부를 전시하여 최고 관리들과 귀족들에게 보여 주었습니다.

또한 후궁들에게 자신들을 아름답게 꾸미도록 했는데, 여기에도 아주 특별한 규례가 정해져 있었습니다. "처녀마다 차례대로 아하수에로왕에게 나아가기 전에 여자에 대하여 정한 규례대로 열두 달 동안을 행하되, 여섯 달은 몰약 기름을 쓰고, 여섯 달은 향품과 여자에게 쓰는 다른 물품을 써서 몸을 정결케 하는 기한을 마치며"(에스더 2:12).

에스더와 같은 후궁들이 가는 길이 몇 가지가 있었습니다. 최고의 길로는 왕후가 되거나, 아니면 평범한 후궁 중 하나가 되었습니다. 또는 자기 거처에서 잊힐 수도 있었습니다. 왕이 그를 다시 부르지 않으면 왕에게 나아갈 수가 없었습니다. 결혼을 하거나 아이를 가질 수도 없어 사실상 과부나 다름없는 삶을 살아야 했습니다.

일부 주석가들은 1장을 아하수에로의 그리스 원정 전에, 2장은 원정 후에 일어난 사건으로 생각합니다. 그리스 원정은 초기 전투에서는 이기기도 했으나 결국 실패로 끝났습니다. 전쟁에서의 패배로 속이 상한 그는 왕후의 위로를 원했습니다. 그러나 불행히도 왕후 와스디는 이미 폐위된 상태였습니다. 와스디가 왕의 요구를 왜 거절했는지 정확한 이유는 모르지만, 자신이 하나의 구경거리로 취급되어 왕후로서의 품위가 손상되는 것이 싫었기 때문일 수도 있습니다. 이 일로 인해 왕후를 폐하였었고, 새로운 왕후를 간택하는 일이 진행되어 마침내 에스더가 뽑히기에 이른 것입니다.

그 당시에는 아내가 남편의 말에 거역한다는 것은 있을 수 없는 일이었습니다(에스더 1:16-22). 하물며 왕의 명에 거역한다는 것은 말할 것도 없었습니다. 만일 그렇게 한다면 목숨을 잃는 모험을 무릅써야 합니다. 여자들에 관한 한 이중적인 잣대가 적용되는 세계였습니다. 한편으론 왕 자신 이외의 어떤 남자도 후궁과 홀로 있을 수 없었고, 다른 한편으론 아름다운 왕후는 신하들의 도열을 받았습니다. 신하들은 아름다운 왕후를 바라볼 수 있었습니다. 여자들은 단순히 소유물이었습니다. 안타깝게도 이것이 바사 사회의 냉혹한 현실이었습니다. 그러나 하나님께서는 젊은 여자인 에스더를 사용하셨고, 에스더를 통하여 공의를 실현하고 자기 백성인 유다인들을 건져 내는 일을 하셨습니다.

에스더서에는 '하나님'이라는 단어가 나오지 않습니다. 이 의도적인 누락은 두 가지 목적을 이루기 위해서라고 생각됩니다. 첫째는, 독자가 스스로 질문을 하도록 도와줍니다. "자기 백성이 고난받을 때 하나님은 어디에 계시는가?" 이는 독자가 겉으로 드러난 사건의 이면에 계신 하나님을 깊이 자각하도록 하는 데 도움을 줍니다. 삶 속에서 일어나는 사건이 겉으로 보기에는 무작위로 일어나는 것 같고, 우연히 일어나는 것 같아도 결코 그렇지 않습니다. 다 하나님의 절대주권 아래에서 일어납니다. 주의 깊은 독자는 실제로 모든 곳에서 하나님의 보이지 않는 손이 역사하고 계신 것을 보게 됩니다.

둘째 목적은, 에스더가 살던 세계 속으로 독자가 들어가도록 돕기 위한 것입니다. 그 세계는 하나님의 백성들이 소수인 이방 세계입니다. 에스더의 유대식 이름은 '하닷사'입니다. 하닷사는 '도금양 나무'(도금양과에 속하는 늘푸른 떨기나무)라는 뜻으로 에스더 2:7에서 단 한 번 사용되었습니다. 반면 '에스더'는 바사식 이름으로 47회 사용되었습니다. 에스더는 바사어로 '별'을 뜻합니다. 에스더는 이 이야기의 '별'입니다. 에스더라는 이름은 최종적인 구원을 축하한다는 의미에 딱 들어맞습니다. "유다인에게는 영광과 즐거움과 기쁨과 존귀함이 있는지라"(에스더 8:16). 흠정역에는 '영광'이 '빛'이라 되어 있습니다. 이 시기는 유대 역사상 아주 어두운 시기인데, 그 속에서 독자들은 하나님을 예배하지 않거나 인정하지 않는 세계에서조차도 항상 소망이 있다는 사실을 전반적으로 깨닫게 됩니다.

에스더는 고아였고 나이 많은 사촌인 모르드개에게 양육을 받았습니다. 이 이야기가 시작될 때 그들은 둘 다 이미 수도인 수산에 있었습니다. 모르드개는 아하수에로 조정에서 관리로 있었습니다. 모르드개가 하만에게 절하기를 거부했을 때 하만이 업신여김을 받는다고 느낄 만큼 꽤 높은 직이었습니다.

이러한 복잡한 세계를 한 젊은 숙녀가 어떻게 항해해야 했을까요? 다행히도 마침 에스더는 모르드개라는 지혜로운 인도자가 있었습니다. 그리고 모든 환경 뒤에 하나님의 보이지 않는 손이 있었습니다. 하나님께서는 또한 사람들 마음속에 있는 생각과 욕망 속에서도 역사하고 계셨습니다. 왕인 아하수에로든 왕후인 와스디든, 에스더, 모르드개, 하만이든 말입니다. 이것이 하나님의 절대주권입니다.

하나님의 절대주권

하나님의 절대주권은 에스더서의 핵심 진리입니다. 하나님께서 모든 것을 통치하신다는 의미입니다. 모든 사람, 모든 환경, 모든 결과 하나하나를 주관하셔서 하나님의 목적을 이루십니다. 이를 설명하는 데 도움이 되는 핵심 구절이 로마서 8:28입니다. "우리가 알거니와 하나님을 사랑하는 자, 곧 그 뜻대로 부르심을 입은 자들에게는 모든 것이 합력하여 선을 이루느니라." 다른 번역본으로도 읽어 봅시다. "우리가 알거니와 하나님께서는 모든 일 속에서 하나님을 사랑하는 자들, 즉 하나님의 목적대로 부르심을 받은 자들의 선을 위하여 역사하십니다"(NIV). 하나님께서는 능히, 모든 것을 지휘하여 선하고 아름다운 것을 이루어 내도록 역사하실 수 있습니다. 우리가 하나님을 사랑하고 하나님의 계획대로 살라는 하나님의 초청을 받아들일 때 그렇게 하십니다.

당신은 이러한 경험을 한 적이 있습니까? 어떻게 하나님께서 모든 사건과 환경을 주관하셔서 그분이 이루고자 하는 바를 성취하시는지를 말입니다.

나는 오래전 경험한 한 사건을 지금도 생생하게 기억합니다. 주님께서 아주 짧은 순간의 일까지도 어떻게 주관하시는지를 보았습니다. 1980년 12월 초에 일어난 일입니다. 당시 우리 부부는 네비게이토 사역을 개척하기 위해서 인도의 하이데라바드에 있었습니다. 우리 선교팀의 책임자인 존이 우리의 초기 정착을 돕기 위하여 방갈로르에서 와서 사역 계획 등을 토의할 예정이었습니다. 그는 찬더라는 형제와 같이 오기로 되어 있었습니다. 찬더는 싱가포르 출신의 의사로 당시 방갈로르에 살고 있었습니다. 그런데 문제가 하나 있었습니다. 그들이 도착하기로 되어 있던 전날 우리가 이사를 해서, 그들이 우리 집 위치를 알 수 있는 방법이 없었습니다. 그들에게 전보를 보냈지만 이미 기차를 탄 상황이었습니다. 그 당시는 일반전화를 놓으려면 5년 이상이 걸리는 때여서 집에 전화가 없어 연락할 길이 없었습니다. 유일한 방법은 내가 시간에 맞춰 기차역으로 가서 그들을 마중

하는 것뿐이었습니다. 그런데 역에 도착해서 보니 승강장이 텅 텅 비어 있었습니다. 주위 사람들에게 물어보니 기차가 예정 시간보다 일찍 도착하였다고 했습니다. 그런 일은 아주 드문 일이었습니다! 그리고 내린 승객들이 모두 이미 다 가 버렸다는 것입니다. 아무리 눈을 씻고 봐도 두 사람의 흔적은 그 어디에도 없었습니다. 이사한 새 집으로 다시 돌아가는 길 말고는 할 수 있는 게 아무것도 없었습니다. 그들은 우리를 도우려고 애써 먼 길을 왔는데 헛수고가 되어 버릴 판국이었습니다.

집에 도착한 직후, 나는 왠지 모를 느낌을 아주 강하게 받았습니다. 은행에 가서 미국 달러화 수표를 인도 화폐인 루피화로 환전하라는 것이었습니다. 그 이야기를 아내에게 했더니 아내는 깜짝 놀라며 아직 서랍에 인도 루피화가 많이 있다면서 만류하였습니다. 그러나 나는 그 느낌을 떨쳐버릴 수가 없었습니다. 당장 가야 한다는 느낌이 들었습니다. 그래서 얼른 집 밖으로 나가 택시를 잡아타고 운전사에게 은행으로 가자고 했습니다. 가는 도중 기차역 근처에 있는 한 호텔을 지나가다가 우연히 고개를 오른쪽으로 돌렸습니다. 바로 그 순간 찬더가 호텔 문 밖으로 머리를 쑥 내미는 모습이 보였습니다. 즉각 차를 멈추고 두 사람을 만났습니다. 어떻게 된 일인지 자초지종을 들어 보니, 기차가 예정보다 일찍 도착하자 존은 바로 호텔로 가서 체크인하기로 했던 것입니다. 평소 기다리던 습관과는 반대로 말입니다. 때로 그는 몇 시간을 기다린 적도 있었습니다.

너무도 놀라웠습니다. 하나님께서 그 아주 짧은 순간까지도 타이밍을 주관하시다니! 조금만 일렀어도, 아니면 조금만 늦었어도, 빠르게 달리는 택시에서 찬더를 보지 못하고 지나쳤을 것입니다.

어떤 경우에는 하나님께서 환경을 주관하실 때도 있습니다. 유머러스하고 예상 밖으로 상황이 전개되면서 아주 중요한 결과를 가져오기도 합니다. 이 이야기는 신디와 관련된 일입니다. 신디는 은퇴한 선교사 부부의 딸입니다. 우리 부부가 신디를 만난 것은 태국 치앙마이에 있는 한 기독교 수양관에서였습니다. 신디가 우리에게 자기 남편을 어떻게 만났는지 말해 주었습니다. 신디는 미국에 급히 처리할 일이 있어 가는 중이었습니다. 신디는 한 식료품 가게 앞에 서서 남동생이 나오기를 기다렸습니다. 그때 개 한 마리가 오더니 신디의 바지에 오줌을 누었습니다! 당황한 신디는 재빨리 해결책을 찾아야 했고, 가위를 빌려 자기 바지의 쉰 부분을 잘라냈습니다. 개의 주인은 매우 죄송하게 생각했고 수선해 주겠다고 힘써 말했습니다. 신디는 그에게 자기 전화번호만 주고 그 자리를 떴습니다. 어서 빨리 그 '첨단 유행' 바지를 벗어 버리고 싶은 마음이 간절했습니다. 그때는 아직 찢어진 옷이 유행하기 전이었습니다. 얼마 후 그 개 주인이 신디 집에 새 바지를 가지고 나타났습니다. 개 주인의 사촌이 경찰관이어서 신디의 집 주소를 찾는 데 도움을 주었습니다. 그래서 함께 커피를 마시게 되었고, 나중에 결혼까지 하게 되었습니다. 우리가 알기에 그는 아주 헌신적인 경건한 그리스도인이었습니다. 헌신적인 남편이었고, 신디의 연로한 부모를 극진히 모시는 헌신적인 사위였습니다. 신디가 말하기를, 그 개가 전에는 아무에게도 오줌을 싼 적이 전혀 없었다고 합니다. 물론 그 후에도 없었습니다. 결혼 영역에서 하나님의 인도하심에 대한 이야기입니다!

에스더서에는 하나님의 절대주권을 보여 주는 분명한 표지가 나타나 있습니다. 모든 일과 사건을 하나하나 적어 보면 금방 알아차릴 수 있습니다. 하나님께서 개입되었을 법한 사건을 적어 보십시오. 무대 뒤에 있는 것도 적어 보십시오. 많은 사건이 있을 수 있지만 보다 분명한 것이 있습니다. 예를 들면 다음과 같습니다.

- 왕의 부름을 받았을 때 와스디가 거절함. 그 당시 아내들이 늘 하던 전형적인 반응과는 아주 다른 특이한 반응이었음.

- 에스더가 갑작스럽게 왕궁으로 들어가게 됨. 후궁을 주관하는 내시 헤개에게 아주 호의적인 인상을 줌. 그 결과 에스더는 후궁 중에서도 가장 아름답고 좋은 곳에 거처가 배정되어 머물게 됨. 이것이 에스더를 높여 주었고 돋보이게 함.

- 왕이 모든 여자보다 에스더를 더욱 사랑하였고, 에스더는 즉시 왕후가 됨.

- 왕을 시해하려는 음모를 모르드개가 우연히 엿듣게 됨. 하지만 어찌된 영문인지 즉각 상을 받지 않고 나중에 상을 받게 됨. 하만이 어떤 상을 주어야 하는지 왕에게 아이디어를 제공함.

- 모르드개가 하만 앞에 무릎을 꿇고 절하기를 끝까지 거절하였음. 주위 사람들에게 자신은 유다인임을 고하였음. 이 일로 인하여 하만이 심히 노하게 됨.

- 왕이 에스더가 자기에게 나아오는 것을 용납함. 용납하지 않았다면 이야기는 그것으로 끝났을 것임.

- 왕이 잠이 오지 않아 명하여 역대 일기를 가져다 읽게 했고, 모르드개가 전에 왕을 암살하려는 음모를 적발하고 고하였으나 상을 받지 못했다는 사실을 알게 됨.

- 왕이 모르드개에게 어떤 상을 줄지 조언이 필요한 그 시점에 하만이 도착함.

- 하만은 왕이 자기를 존귀케 하려는 것이라고 잘못 추측하

여 아주 후한 존귀를 베풀도록 제안함.

- 하만이 에스더가 앉은 의자 위에 엎드려 있었음. 아하수에로가 이를 악한 의도로 봄.

- 아하수에로가 새로운 조서를 반포함. 유다인들이 스스로를 잘 보호하고 방어하도록 허락함.

일부 사건에서는 하나님의 절대주권하에서 아이러니한 장면이 연출되고 있음을 볼 수 있습니다. 예를 들면, 하만이 모르드개를 매달고자 커다란 교수대를 세워 놓았는데, 거기에 하만 자신이 달리게 되었고, 뿐만 아니라 열 아들도 나무에 달리게 되었습니다. 유사하게, 하만이 자기가 받아 마땅하다고 생각한 그 존귀를 모르드개가 대신 받게 되었습니다. 이것이 성경적 패턴인 것 같습니다. "건축자들의 버린 돌이 모퉁이의 머릿돌이 되었나니, 이것은 주로 말미암아 된 것이요 우리 눈에 기이하도다"(마태복음 21:42).

어떤 이는 하나님의 백성이 어떻게 이방 나라의 후궁으로 들어가고 왕후가 될 수 있는가 하고 의문을 제기할 수도 있습니다. 더구나 순혈주의자들과 율법주의자들은 에스더가 순수한 혈통과 율법을 지키지 않은 것을 보고 몹시 기분이 상할 수도 있습니다. 쉬운 대답은 없습니다. 한 가지 답은 하나님의 주권적 역사하심을 믿고 의지하는 것입니다. 때로, 하나님께서는 우리의 좁은 이해를 넘어서 역사하십니다.

성경에는 그런 예외가 많이 나옵니다. 믿음의 조상인 아브라함을 생각해 보십시오. 아브라함은 애굽인 여종 하갈을 첩으로 취하였고 하갈을 통해 이스마엘을 낳았습니다. 요셉은 애굽에서 총리가 된 후에 애굽의 제사장 보디베라의 딸인 아스낫과 결혼했습니다. 모세는 십보라와 결혼했습니다. 십보라는 미디안 제사장의 딸이었습니다.

하나님께서는 절대주권 가운데 불완전한 도구를 사용하여 하나님의 위대하고 강력한 목적을 이루십니다. 에스더의 이야기를 통해 아주 작은 사건 속에서도 역사하시는 하나님의 절대주권을 볼 수 있습니다. 또한 좀 더 큰 시야에서 하나님께서 사용하시는 이례적인 도구를 통해서도 하나님의 절대주권을 볼 수 있습니다.

에스더로 돌아가 보면, 에스더가 자기 삶 속에서 겉으로 드러난 하나님의 절대주권적 역사를 알아차리기란 매우 어려웠을 터입니다. 추측할 수 있는 점은 오로지, 자신이 후궁에서 왕후로 갑자기 지위가 높아진 것을 보고 아마도 경이감과 놀라움을 느꼈으리라는 것입니다. 에스더는 그러한 자리에 이르게 한 여러 사건을 최소한 묵상하고 돌아보게 되었을 것입니다.

여기에서 우리는 하나님의 절대주권을 이해하는 데 있어서 한 가지 주요한 원리를 이끌어낼 수 있습니다. 즉 일이 다 벌어진 뒤에야 하나님의 절대주권을 분명하게 볼 수 있다는 사실입니다. 사람이 하나님으로부터 오는 예언적 통찰력이 없으면, 아직 펼쳐지지 않은 사건들이 우리에게 무엇을 의미하는지 도무지 갈피를 못 잡고 이해하기가 어려울 수 있습니다.

때로 예언적 통찰, 즉 때에 앞서 하나님께서 들려주시는 말씀을 통해 우리는 출구가 향하고 있는 곳을 감지할 수 있기도 합니다. 한 가지 예가 떠오릅니다. 아내가 하이데라바드에 있을 때 첫 아이를 임신했습니다. 임신 4개월째에 우리는 배 속의 아이가 아들임을 알게 되었고 이름을 벤자민으로 짓기로 했습니다. 아내는 성경 말씀을 통해 하나님의 말씀을 듣기 시작했습니다. 위로와 임재의 약속들과 더불어 임박한 시련의 때에 대하여 말씀해 주셨습니다. 하나님께서는 아내에게 호세아 10:12 말씀을 주셨습니다. "너희가 자기를 위하여 의를 심고 긍휼을 거두라. 지금이 곧 여호와를 찾을 때니 너희 묵은 땅을 기경하라. 마침내 여호와께서 임하사 의를 비처럼 너희에게 내리시리라." 아내에게 미리 경고해 주는 말씀이었습니다. 또한 하나님께서는 이사야 43:2 말씀을 주셔서 아내에게 하나님의 임재와 보호에 대한 확신을 더해 주셨습니다. "네가 물 가운데로 지날 때에 내가 함께할 것이라. 강을 건널 때에 물이 너를 침몰치 못할 것이며, 네가 불 가운데로 행할 때에 타지도 아니할 것이요, 불꽃이 너를 사르지도 못하리니." 아내는 이 문제와 씨름했습니다. 이는 자기 아버지에 대한 것이라고 생각했습니다. 아버지는 이제 막 예수님을 믿었는데 몇 주 동안 사탄의 세력과 영적 싸움을 하고 있었습니다. 하지만 정작 그 싸움은 분만실에서 일어났습니다. 아기가 태어났는데 울지를 않았습니다. 분만실에 침묵이 감돌았습니다. 공포 그 자체였습니다. 아내는 하나님께서 주신 말씀들이 이 사건을 의미했음을 깨달았습니다. 그다음 몇 달에 걸친 고통의 시간이 있었습니다. 이 시간을 통과하면서 아내는 하나님의 임재를 경험하였고, 다시 기쁨을 되찾았습니다. 나는 아내가 이 여정을 통과하는 모습을 옆에서 지켜보았습니다. 지금 우리 부부는 확신 있게 말할 수 있습니다. 하나님께서는 절대주권을 가지고 계시며, 그분은 선하시다고 말입니다.

앞으로 일어날 일을 고대하는 것은 희뿌연 안개를 통과하여 바라보는 것과도 같지만, 뒤를 돌아보면 훨씬 더 선명해집니다. 지나 온 길을 뒤돌아보면 통찰력을 얻게 됩니다. 하나님의 손을 분명히 보게 됩니다. 이제는 더 이상 볼 수 없는 것이 아닙니다. 볼 수 있는 강력한 목적이 있음을 보게 됩니다. 그다음에 한걸음 뒤로 물러서서 기쁨으로 외칠 수 있게 됩니다. "할렐루야! 주 하나님을 찬양합니다!"라고 말입니다. 그와 동일한 기쁨의 반응을 우리는 에스더 이야기의 끝에서 얻습니다.

"이때를 위함이 아닌지 누가 아느냐?"

하나님께서 강력한 일을 성취하실 때, 하나님께서 사용하시는 사람들은 한 사람 한 사람이 모두 하나님께서 정하신 올바른 때에, 그리고 하나님께서 정하신 올바른 곳에 있는 것을 볼 수 있습니다. 그들은 바로 그 목적을 위하여 그동안 예비되어 왔습니다. 마치 온 천국이 그 사람과 긴밀히 팀웍하는 모습과도 같습니다. 자기 운명에 응답하는 그 사람과 함께 동역하면서 하나님께서는 계획하신 일을 실행하고 성취하십니다. 성경에 보면 '때가 찼다'는 말이 종종 나옵니다. 마침내 에스더의 때가 찼습니다. 진실로 마침내 때가 되었습니다. 때가 되자 에스더는 그 역사적인 운명의 순간 속으로 뛰어들었습니다. 그리하여 자기 백성인 유다인들을 건지시는 하나님의 구원의 도구가 되었습니다. 에스더는 자기 운명의 맨 앞에 서 있었습니다. 오직 필요한 것은 그 부르심에 응답하는 것이었습니다. 하지만 이 순간 누가 에스더의 앞날을 예측이나 할 수 있었을까요? 에스더의 이야기를 통해 알 수 있는 것은, 우리의 운명이 바로 코앞에 있어도 우리가 그것을 반드시 깨닫는 것은 아닐 수도 있다는 사실입니다. 그것이 우리 삶 속으로 돌진해 와서 그 코를 우리에게 들이미는 바로 그 순간까지는 말입니다. 에스더의 배경과 연관하여 말하자면 에스더는 수산에 살고 있는 유다인 포로 사회에 속해 있었습니다. 그동안 하나님께서 쓰신 다른 구원자들과 비교하면, 에스더는 전형적인 지도자상은 아니었습니다. 사실상 우리는 에스더가 아주 아름다운 여인이라는 점 외에는 에스더에 대하여 아는 게 많지 않습니다. 아마도 외적인 아름다움 이상으로 내적으로 크나큰 아름다움을 지닌 사람이었을 것입니다. 왜냐하면 에스더는 아름다워지기 위하여 궁녀를 주관하는 내시 헤개가 제시하는 것보다 더 많은 것을 하지 않았기 때문입니다.

하나님께서 사용하신 사람들을 공부해 보면 그 운명의 날을 위하여 많은 사전 준비가 있었다는 사실을 보여 줍니다. 하나님께서는 요셉을 기르시고 세우셨습니다. 요셉은 그의 험난한 여정을 통과하여 마침내 하나님의 사람이 되었습니다. 그리하여 자기 가족들과 애굽 사람들의 생명을 보존하는 일에서 하나님께서 정하신 정확한 때에 쓰임을 받았습니다. 또한 강물에 버려졌던 모세는 애굽의 왕궁에서 자랐고, 이스라엘을 애굽에서 해방하는 구원자가 되도록 하나님에 의하여 준비되었습니다. 포로로 잡혀 갔던 다니엘은 종말에 대한 예언들을 받기 전에 수십 년간의 섬김과 시험을 거쳐 준비되었습니다. 에스더는 그 전의 인물들과는 좀 달랐습니다.

이와 같이 하나님께 사용된 사람들을 보면 비슷한 점도 있고 다른 점도 있는데, 이 모든 사실을 통해서 보여 주는 것은 각 사람이 하나의 고유한 패키지를 이루고 있다는 점입니다. 저마다 그 성격, 은사, 능력, 배경, 믿음 등이 고유하고, 이 고유한 특성이 한데 어우러져 각 사람이 각각의 때에 맞는 사람이 되게 한다는 것입니다. 그들은 위대하게 태어나지 않았으나 마침내 위대하게 되었습니다. 그들이 위대하게 된 까닭은, 그들 앞에 놓인, 하나님께서 주신 여러 기회에 믿음과 순종으로 응답했기 때문입니다.

그들이 각각의 '때에 맞는 사람'이 되기 위하여 하나님께 양육을 받고 세움을 받았을지라도, 그들이 거부했다면 하나님의 목적은 좌절되었을까요? 결코 그렇지 않습니다. 하나님은 절대 주권을 가지신 하나님이시기에 하나님의 목적은 반드시 성취될 것입니다. "이때에 네가 만일 잠잠하여 말이 없으면 유다인은 다른 데로 말미암아 놓임과 구원을 얻으려니와…"(에스더 4:14). 그러나 불순종하게 되면 불순종을 선택한 결정에 따른 결과를 맞닥뜨리게 될 것입니다.

갈라디아서 4:4-5은 이렇게 말씀합니다. "때가 차매 하나님이 그 아들을 보내사 여자에게서 나게 하시고 율법 아래 나게 하신 것은 율법 아래 있는 자들을 속량하시고 우리로 아들의 명분을 얻게 하려 하심이라." 예수님께서는 "때가 차매" 오셨습니다. 인간으로서 태어나셔야 할 바로 그 정확한 시간에 오셨습니다. 그분은 33년 동안 사셨는데, 공생애를 시작하시기 전까지는 대부분 세상에 알려지지 않은 무명의 삶을 사셨습니다. 3년이라는 짧은 공생애를 사신 후에, 그분은 우리의 구속을 위해 십자가에 못 박히셨습니다. 예수님께서는 우리의 구속을 위해 하나님께서 보내신 '그때의 사람'이셨습니다. 그분은 이처럼 '이때를 위하여' 오셨습니다.

예수님의 때가 왔습니다. 에스더의 때가 왔습니다. 그처럼 성경 역사에서 다른 구원자들도 그들의 때가 왔습니다. 당신은 어떻습니까? 당신의 때가 왔습니까? 그것이 내세울 만한 큰 대의명분이 있거나 어떤 영광스런 기회가 아닐 수도 있습니다. 하지만 당신이 생각하기에는 하나님을 섬길 기회라고 여기기에 충분할 만큼 도전적인 어떤 것일 수도 있습니다. 모든 기회는 하나하나가 영원한 의미를 지니고 있다는 점을 기억하십시오. 하나님께서 이끄신 그 시간, 그 기회에 당신이 순종으로 응답한다면 하나님께서는 당신을 통하여 그 뜻을 이루실 것입니다. 당신은 '이때'를 위하여 하나님께서 양육하고 준비하신 사람일 수도 있습니다.

에스더가 끼친 영향은 단지 자기 세대에서만이 아니었습니다. 에스더는 느헤미야의 인도하에 진행된 포로의 귀환(느헤미야 2장)에서도 역할을 했다고 믿습니다. 느헤미야 시대의 아닥사스다는 아하수에로의 아들이었습니다. 아하수에로는 이 이야기 속에 등장하는 에스더의 남편입니다. 따라서 에스더는 아닥사스다의 양어머니가 되는 셈입니다. 이처럼 밀접한 관계에 있었기에, 에스더가 아닥사스다에게 긍정적인 영향을 주었을 가능성이 있습니다. 따라서 아닥사스다는 느헤미야의 요청에 호의를 베풀 준비가 되어 있었을 것입니다. 에스더가 자기 생명을 걸었을 때, 이는 자기 세대를 넘어 이스라엘 민족에게도 영향을 끼쳤습니다. 에스더는 자기 세대를 구원했을 뿐 아니라 예루살렘의 회복에도 기여한 것입니다. 에스더는 이와 같은 때를 위하여 왔고, 또한 미래의 그와 같은 때를 위하여 왔습니다.

"죽으면 죽으리이다"

모르드개의 말에 에스더가 한 응답은 "죽으면 죽으리이다"였습니다. 이는 자기 생명을 하나님의 손에 맡기기로 결심한 사람의 말입니다. 왕의 부름이 없이 왕에게 나아가면 이는 곧 죽음을 의미한다는 사실을 에스더는 잘 알고 있었습니다. 왕후의 지위에 있는 에스더도 예외가 아니었습니다. 하지만 에스더는 자기 백성을 위하여 왕에게 나아가기로 결심했습니다.

자기 보존 본능은 아주 작은 단세포 생물로부터 아주 복잡한 고등 생물에 이르기까지 모든 살아 있는 생명체가 가지고 있는 보편적 본능입니다. 인간도 예외가 아닙니다. 위험이나 사망이 도사리고 있는 줄을 알면 의식적으로 피합니다. 아무도 죽기를 원하지 않습니다. 죽음을 맞이하고 그것을 받아들이기 위해서는 더 깊은 확신이 필요합니다. 죽음을 맞이하지 않을 선택권이 있을 때는 더더욱 그렇습니다. 에스더는 인간이 태곳적부터 가지고 있는 이 커다란 본능을 이겨 냈습니다. 자기가 하나님의 언약의 백성에 속한다는 사실을 확신했기 때문입니다. 에스더의 믿음은 죽은 믿음이 아니라 살아 있는 믿음이었습니다. 이때까지는 그것을 비밀로 유지했었는데 왕후로서 에스더는 전에 할 수 있었던 때보다 훨씬 더 자기 믿음을 실천했습니다. 어떤 사람은 에스더의 시녀인 일곱 궁녀 역시 에스더와 함께 3일 동안 금식한 것으로 보아 유다인이었으리라고 추측하기도 합니다(에스더 2:9, 4:16). 에스더는 왕 앞에 나아가기 전에 그 준비로 3일간 금식하였습니다. 순교를 준비하는 면에서 에스더에게는 영적으로 강철같이 견고한 믿음과 굳센 결심이 필요했습니다.

우리는 일상에서 삶이냐 죽음이냐 하는 상황을 자주 맞이하지는 않지만, 자기 보존 본능으로 말미암아 위험으로부터 달아나고 위험한 상황을 피합니다. 실패와 상실을 싫어합니다. 우리에게 귀하고 소중한 것, 이를테면 우리의 일자리, 우리의 안전, 우리의 재물과 고국의 문화 속에서 누리는 안락함을 포기하는 것은 아주 힘든 도전이 될 수도 있습니다. 이것이 예수 그리스도의 제자가 맞이하게 되는 환경입니다. 육신에 대한 죽음, 세상에 대한 죽음, 자신에게 소중한 모든 것에 대한 죽음입니다. 그리고 많은 경우에 그것은 육체적인 죽음입니다. 이것이 십자가를 지는 삶이 의미하는 바입니다.

예수님께서는 누가복음 9:23에서 제자의 삶으로 우리를 부르셨습니다. "또 무리에게 이르시되, '아무든지 나를 따라오려

거든 자기를 부인하고 날마다 제 십자가를 지고 나를 좇을 것이니라.'" 여기에서 예수님께서는 분명하게 죽음을 의미하셨습니다. 예수님 당시에 십자가는 곧 죽음을 뜻하였습니다. 바로 다음 구절에서, 십자가를 지라는 부르심 이면에 있는 아주 중요한 원리를 말씀해 주십니다. "누구든지 제 목숨을 구원코자 하면 잃을 것이요, 누구든지 나를 위하여 제 목숨을 잃으면 구원하리라"(누가복음 9:24). 자기 보존은 그 결과로 절대 아무것도 얻지 못하리라고 말씀하십니다. 예수님을 위하여 자기 목숨을 잃지 않으면 도리어 자기 목숨을 잃을 것입니다. 예수님이 말씀하신 "목숨"은 생물학적이거나 신체적인 목숨이 아니라, 영혼입니다. 영혼은 죽음 이후에도 살아 있는 참된 내적 사람입니다. 자신이 누구냐 하는 정체성은 영혼과 묶여 있어 뗄 수 없는 관계에 있습니다. 이 영혼은 전적으로 예수님께 굴복되어야만 참으로 자신의 참된 정체성을 찾게 됩니다. 이것이 누가복음 9:25에서 예수님께서 이렇게 말씀하신 이유입니다. "사람이 만일 온 천하를 얻고도 자기를 잃든지 빼앗기든지 하면 무엇이 유익하리요?" 자기 영혼을 지키고 온 세상을 얻음으로써 자신의 정체성을 찾으려고 한 자들은 진실로 그것을 놓쳤습니다. 그들의 유일한 진짜 자아를 잃어버렸습니다.

자아 보존의 위험에 대한 이 교훈은 여러 곳에서 다른 관점으로 반복됩니다. 요한복음 12:24-26에서 예수님께서는 이렇게 말씀하셨습니다. "내가 진실로 진실로 너희에게 이르노니,

한 알의 밀이 땅에 떨어져 죽지 아니하면 한 알 그대로 있고, 죽으면 많은 열매를 맺느니라. 자기 생명을 사랑하는 자는 잃어버릴 것이요, 이 세상에서 자기 생명을 미워하는 자는 영생하도록 보존하리라. 사람이 나를 섬기려면 나를 따르라. 나 있는 곳에 나를 섬기는 자도 거기 있으리니, 사람이 나를 섬기면 내 아버지께서 저를 귀히 여기시리라." 전후 문맥을 보면, 예수님께서는 예루살렘에 계셨습니다. 십자가에 달리시기 며칠 전이었습니다. 이방인인 헬라인들의 대표단이 예수님을 찾으러 왔을 때, 예수님은 자신이 죽을 때가 왔음을 아셨습니다. 그분의 죽음 없이는 아무 열매도 없을 것입니다. 구속도 없고, 따르는 자들도 없고, 교회도 없을 것입니다. 자아 보존의 삶은 아무것도 성취하지 못합니다.

C. S. 루이스는 이 원리를 다음과 같이 말합니다. "자신을 포기하십시오. 그러면 진정한 자아를 찾게 됩니다. 자신의 목숨을 버리십시오. 그러면 얻게 됩니다. 죽음에 굴복하십시오. 날마다 자신의 야망과 소원과 그리고 종국에 자신의 온몸과 전 존재를 다 바쳐서 죽음에 굴복하십시오. 그러면 영원한 생명을 얻게 됩니다. 아무것도 남겨 두지 마십시오. 당신이 버리지 않는 것은 진정 아무것도 당신 것이 되지 못합니다. 죽지 않으면 아무것도 살림을 받지 못합니다. 자신만을 구한다면 결국에는 증오, 고독, 절망, 분노, 타락과 파멸만을 얻게 됩니다. 하지만 그리스도를 찾으면 그리스도를 찾을 것이요, 그리스도와 함께 덤으로 다

른 모든 것을 얻게 됩니다."

우리는 에스더가 자기 인생의 막다른 고비에 서 있는 것을 보았습니다. 이는 많은 순교자들이 맞이했던 순간이기도 합니다. 그들은 자기 신앙을 타협하기보다는 차라리 죽음을 선택하였습니다. 어떤 사람들은 큰 희생에도 불구하고 신앙을 지켰다는 점에서 순교자와 같았습니다. 베드로와 요한은, 공회에서 예수님의 이름으로 다시는 전파하지도 가르치지도 말라는 말을 들었을 때, 이렇게 대답했습니다. "하나님 앞에서 너희 말 듣는 것이 하나님 말씀 듣는 것보다 옳은가 판단하라. 우리는 보고 들은 것을 말하지 아니할 수 없다"(사도행전 4:19-20). 즉 "어느 것이 하나님 보시기에 옳은 것이요? 여러분의 말을 듣는 것이요, 그분의 말을 듣는 것이요? 여러분이 판단자가 되어 보시오! 우리로서는 우리가 보고 들은 것을 말하지 않을 수 없소!" 이런 말입니다. 전승에 의하면 베드로는 주후 64년에 로마에서 순교했습니다.

이처럼 죽을 각오로 자기 입장을 담대히 밝힌 사람이 또 있습니다. 마르틴 루터는 1521년 4월 18일 보름스 의회에서 황제와 로마 가톨릭 주교들 앞에서 재판을 받을 때에 그의 주장을 철회하라는 강력한 권고를 받았습니다. 이에 그는 성경과 이성에 비추어 자신의 오류를 확신하게 된다면 기꺼이 자신의 주장을 철회하겠지만, 그렇지 않다면 자신은 하나님의 말씀에 사로잡혀 있는 양심을 거스를 수 없다고 단호하게 말했습니다. 그는 모국어인 독일어로 기념비적인 말을 했습니다.

>폐하와 여러 제후들께서 제게 간단한 답변을 요구하시니 저도 간단명료하게 답변하겠습니다. 성경과 이성에 비추어 제가 틀렸다는 확신이 들지 않는 이상, 저는 교황과 공의회의 권고를 받아들이지 않겠습니다. 그들은 서로 엇갈린 주장을 펴 왔기 때문입니다. 제 양심은 하나님의 말씀에 사로잡혀 있습니다. 저는 그 어느 것도 철회할 수 없고, 또 철회하지 않을 것입니다. 양심을 거스르는 것은 옳지도 안전하지도 않기 때문입니다. 이것이 제 입장입니다. 달리는 아무것도 할 수 없습니다. 하나님이여, 저를 도우소서. 아멘.

그의 입장을 라틴어로 다시 말해 달라는 요구를 받았을 때, 루터는 그렇게 했습니다. 그의 모국어인 독일어를 알아듣지 못하는 사람들이 있었기 때문입니다. 프리드리히 선제후의 강력한 보호 아래 그는 체포와 구금을 피할 수 있었습니다. 1517년에 비텐베르크에 있는 교회의 문에 95개조의 주제를 못 박은 행위와, 의회에서 한 용기 있는 입장 표명은 마침내 종교개혁으로 가는 길을 열었습니다.

앞에서 이미 언급하였듯이, 주님께서는 우리를 부르시되 '날마다 제 십자가를 지고 나를 따르라'고 부르십니다. 십자가는 모든 그리스도인 위에 지워져 있습니다. 십자가는 모든 그리스도인에게 그리스도의 고난에 참여하도록 요구하는데 그 첫 번째가 이 세상에서 집착하고 있는 것을 포기하라는 부르심입니다. 이는 옛사람이 죽는 것입니다. 그것은 그리스도와의 만남의 결과입니다. 제자의 삶을 시작할 때, 우리는 그리스도의 죽으심과 연합하여 우리 자신을 그리스도께 내어 드립니다. 이렇게 우리의 생명을 죽음에 내어 주면서 제자의 삶은 시작됩니다. 십자가는 참혹한 끝이 아니라 놀라운 시작입니다. 그리스도와의 친교의 시작이요 하나님을 경외하는 축복된 삶의 시작입니다. 그리스도께서 한 사람을 부르실 때는, 와서 죽으라고 명하시는 것입니다. 자기 자신을 위해서는 어떤 것도 추구하지 말라는 뜻입니다.

구약의 '에스더'들은 우리에게 기꺼이 우리 자신의 삶을 내려놓고 모험을 하라고 요청합니다. 하나님의 백성들이 살아남고, 성장하고, 번성하도록 하기 위해서, 에스더는 하만과 바사의 권력 구조를 거스르고, 막강한 권력을 가진 바사왕 앞에 담대히 나아가 섰습니다. 에스더는 사람을 두려워하지 않았습니다. 사람은 우리에게 아무 해도 가할 수 없기 때문입니다. 사람의 권세는 육체의 죽음과 더불어 끝납니다. 우리는 에스더처럼 죽음에 대한 두려움을 하나님에 대한 두려움으로 극복해야 합니다. "죽으면 죽으리이다!"

묵상 및 적용

1. "죽으면 죽으리이다." 이 말이 오늘날의 제자들에게 무엇을 의미한다고 생각합니까?

2. 자신의 인생 여정에서 하나님의 절대주권을 나타내 보여 주었던 주요한 사건을 한번 회상해 보십시오. 그 사건에서 무엇이 중요한 의미가 있었습니까?

3. 당신은 "이 일은 하나님으로부터 온 것이다"라는 예감이 든 적이 있습니까? 그것이 무엇이었습니까?

4. 당신이 진실로 '그때를 위한 사람'이었던 상황을 하나 적어 보십시오. 무슨 일이었습니까? 거기에 담긴 궁극적 의미는 무엇이었습니까?

우리의 의무는 성경을 통해 보여 주신 하나님의 뜻 안에 나타나 있습니다. 우리의 믿음은 하나님의 절대주권적인 뜻 안에 있어야 합니다. 하나님께서는 날마다 겪는 일상적 환경 속에서 우리의 선과 주님의 영광을 위하여 역사하십니다.

- 제리 브릿지즈

나가는 말

당신은 이렇게 말하지도 모릅니다. "하지만 나는 그런 영적 거인이 아닙니다. 결코 마리아가 될 수 없습니다. 다윗, 바울, 모세, 아브라함과 같은 사람은 말할 것도 없고요." 사실 아무도 감히 자기 자신을 거인이라고 부를 사람은 없습니다. 비록 그들이 특별한 사람이긴 했으나 모두 다윗과 같았습니다. "다윗은 당시에 하나님의 뜻을 좇아 섬기다가 잠들어 그 조상들과 함께 묻혀 썩음을 당하였으되"(사도행전 13:36). 하나님께서는 그들의 복사품을 만들지 않으셨습니다. 대신에 하나님께서는 항상 그들의 대체품을 준비하고 계십니다. 에스더가 그 기회의 순간에 거인이 되기를 거부했다면, 하나님께서는 그분의 때에 또 다른 거인을 일으켜 세우셨을 것입니다. 하나님께는 거인들이 많이 있습니다. 다만 숨겨 놓고 계실 뿐입니다. 때로 하나님께서 감쪽같이 숨겨 놓고 계셔서 잘 알아차리지 못할 뿐입니다.

그 대표적인 예가 어머니입니다. 아들 녀석이 엄마에게 이렇게 말하는 것을 들은 적이 있습니까? "엄마, 나는 엄마랑 결혼하고 싶어! 엄마는 왜 아빠랑 결혼했어? 나를 기다리지 않고?" 그 말은 지친 엄마를 얼마나 행복하게 하는지 모릅니다. 이 말을 이상한 말로 받는 사람은 아무도 없습니다. 그렇습니다. 아이는 엄마가 너무 좋아서 그렇게 말하고 있을 뿐입니다. 자기 생각에는 엄마가 거인으로 보입니다. 자기를 씻겨 주고, 먹여 주고, 함께 놀아 주고, 책을 읽어 주고, 볼에 입을 맞추며 재워 주고, 한마디로 하면 엄마는 자기를 사랑해 주는 사람입니다. 이만큼 듣기 좋은 찬사가 있을까요? 아버지들 또한 자녀들에게는 거인입니다. 지각 능력이 아직 부족한 아이들도 성장하고 나서는 아버지도 어머니와 같이 거인이었다는 결론에 다다를 것입니다. 부모가 자기들을 위해 치른 위대한 희생을 이해하게 되면 말입니다. 당신은 자녀들에게 거인입니다. 또는 어쩌면 형제 자매들에게 거인입니다. 당신이 그들을 사랑 가운데서 섬겼다면 말입니다.

하나님께서 위장시켜 놓으신 거인들 중에는 겉으로 보기에 실패자처럼 보이는 사람들도 있습니다. 복음서 기자인 마가가 그런 인물입니다. 그의 첫 시작을 보면 그는 바나바의 조카였고 예수님과 사도들과 관계가 가까웠습니다(골로새서 4:10, 사도행전 12:12). 이처럼 출신 배경이 남달랐기 때문에 그는 위대한 사람이었다고 주장할 수 있습니다. 그러나 젊은 선교사로서의 그를 만났다면 실패자라고 생각할 것입니다. 사도 바울은 두 번째 선교 여행에 그를 데리고 가기를 거부했습니다. 지난번 선교 여행에서 그들을 버리고 떠났기 때문입니다(사도행전 15:36-40 참조). 이를테면 선원이 자기가 근무하던 배에서 무단으로 내려 버린 격입니다. 이유는 알려지지 않았습니다. 바나바와 바울은 마가를 두고 의견이 너무 달라 갈라서게 되었고 따로따로 길을 떠났습니다. 그러나 세월이 흘러 그는 회복되어 일어섰고, 바울이 마가의 진보를 알아차리고 마침내 그를 다시 받아들일 정도로 충성스러운 사람이 되었습니다. 어느 정도로까지인가 하면 여러 교회에 보내는 편지에서 그를 세 번이나 언급했습니다. 또한 바울은 디모데에게, 마가가 자기에게 유익한 사람인 것이 입증되었다면서 그를 데리고 오도록 요청했습니다(디모데후서 4:11). 마침내 마가는 나중에 신약성경의 일부인 마가복음을 썼습니다. 이처럼 하나님의 시야에서는 거인이었습니다. 이는 내게 큰 격려와 용기를 줍니다.

나는 지금 거인들에 대해서 말하고 있는데, 여기서 거인들이란 골리앗이나 아낙 자손과 같은 사람들이 아닙니다. 또한 한 대륙 전체를 전도한 사람일 필요가 없습니다. 만일 그렇게 한다면 훌륭한 일일 테지만 말입니다. 또는 많은 교회를 세운 사람일 필요도 없습니다. 단지 한 생명을 구원하기 위하여 하나님께 사용될 수도 있습니다. 예비 대학생 시절 내 옆에 앉았던 동급생을 나는 아직도 또렷이 기억합니다. 그는 나를 한 그리스도인 모임에 데리고 갔고, 거기서 나는 하나님의 사랑과 용서의 복음을 들었습니다. 그리고 두 번째 모임에서 예수님을 영접하였습니다. 영원히 주님께 감사드립니다. 그리고 그 동급생에게 감사하고 있습니다. 그는 나의 영웅이었습니다. 여러 해에 걸쳐 수많은 시간을 나를 위해 "허비"했습니다. 오늘날 그는 은퇴한 후에도 여전히 자신의 전문 지식을 활용하여 주님을 위해 자신을 드리고 있습니다. 지금도 여전히 그는 나의 영웅입니다! 진실로 거인입니다.

당신은 모든 사람의 눈에는 거인이 아닐 수도 있습니다. 그러나 몇몇 사람에게는 거인일 수 있습니다. 그리고 물론 하나님 앞에서는 거인일 수 있습니다. 여기에 당신이 거인의 발자국을 남길 수 있는 몇 가지 방법이 있습니다.

1. **예수님을 맛보아 아십시오**. 선하시고 놀라우신 예수님을 맛보아 아십시오. 한없는 만족을 주실 것입니다. "너희는 여호와의 선하심을 맛보아 알지어다.…"(시편 34:8). 그분을 먹으십시오. 그분을 마음껏 마시십시오. 그러면 다른 아무것도 원치 않게 될 것입니다. 그 어느 것도 주님께서 주시는 것처럼 당신에게 만족을 주지 못할 것입니다. 하나님의 말씀을 읽을 때, 마음의 주파수를 주님께 맞추어 목자 되신 주님의 음성을 들으십시오. 주님의 인도를 받으십시오. 그러면 길을 잃지도 않을 것이며 어느 것도 부족하지 않을 것입니다. 경건의 시간, 기도 시간, 집중적인

성경공부 등의 영적 훈련은 주님을 맛보아 알게 하는 놀라운 도구로서 주님의 임재하심과 주님의 음성을 민감하게 깨닫게 합니다. 당신은 거인입니다. 예수님께서 당신과 함께하시기 때문입니다.

2. 하나님을 향한 사랑으로 불타오르십시오. 자기의 모든 것을 다하여 하나님을 사랑하고 그 사랑을 키워 나가십시오. 그리고 그 사랑을 하나님께 온전히 드리십시오. 위대한 설교자인 찰스 스펄전은 이것이 참으로 중요함을 알았기에, 청중들에게 그리스도께 그들의 사랑을 드리라고 간곡히 권면하였습니다. '가장 사랑받는 자'라는 설교에서 그는 이렇게 간청합니다.

> 간청하노니, 예수님께 여러분의 사랑을 바치십시오. 그것만이 여러분이 주님께 드릴 수 있는 전부입니다. 그것이 변변치 못할지라도 주님께서는 귀하게 여기십니다. 주님께서는 유럽의 모든 금보다도 여러분의 마음을 먼저 취하실 것입니다. 주님께서는 가난한 여종의 마음을, 그리고 흙을 만지는 가난하고 겸손한 일꾼의 마음을 여왕의 왕관보다 먼저 택하십니다. 주님께서는 사랑을 사랑하십니다. 사랑은 주님의 보석이요 보화입니다. 주님께서는 사랑을 갖고 싶어 하십니다. 진실로 주님만이 사랑스럽다면, 주님께서 여러분의 마음을 가지게 하십시오. 예수님이 진정 사랑스러운가요? 주님을 사랑합니까? 하나님의 자녀로서, 주님을 사랑합니까? 마땅히 사랑해야 할 만큼 사

랑합니까? 나는 주님을 진실로 사랑합니다. 아멘. 주님의 이름이 복을 받으소서. 나는 진실로 주님을 사랑합니다. 하지만 그 사랑은 얼마나 초라하고 무덤덤하고 냉랭한지 모릅니다. 내가 주님을 위해 치르는 희생이란 게 얼마나 보잘것없는지요. 내가 주님께 드리는 예물이란 게 얼마나 적은지요. 내가 주님과 갖는 교제란 게 얼마나 빈약한지요.

3. 그 열정에 계속 기름을 부으십시오. 그 열정을 돌보고 보살피지 않으면 차츰 잦아들다가 사그라질 수 있습니다. 하나님은 종종 불로 그려집니다. 이스라엘 자손이 광야에서 방황하는 동안에, 그분은 낮에는 구름 기둥이었고, 밤에는 불기둥이었습니다. 사도행전 2장에서 제자들 위에 임한 성령은 불의 혀처럼 보였습니다. 예수님께서는 하나님의 거룩하심에 대한 뜨거운 열정으로 동기부여를 받으셨습니다. 예수님께서 불법이 판치는 성전을 깨끗케 하실 때, 제자들은 "주의 전을 사모하는 열심이 나를 삼키리라"라는 그 말씀을 기억했습니다(요한복음 2:17). 하나님께 마음의 주파수를 맞춘다는 것은 이러한 열정으로 불타는 것입니다.

4. 하나님을 위하여 자신을 불태울 준비를 하십시오. 역사상 하나님의 거인들은 이에 망설이지 않았습니다. 헨리 마틴은 데이비드 브레이너드의 삶에 감동을 받아 케임브리지 대학을 졸업하고 인도와 파키스탄의 무슬림에게 가서 복음을 전하는 전도자가 되

었습니다. 잃어버린 자들에게 나아가고자 하는 열정으로 충만하여 불타는 마음으로 그들을 위해 간절히 기도했습니다.

귀하신 주님, 저는 한때 먼 나라에서 죄를 섬기는 데 제 삶을 불태우고 있었습니다. 그러나 제가 참회 속에서 굴복하며 주님을 바라보았을 때, 주님께서는 제가 멸망을 퍼뜨리는 불이 아니라, 주님의 빛을 세계에 비추는 횃불과 같은 빛이 되기를 원하셨나이다. 지금 저는 캄캄한 이방 땅 한가운데 있나이다. 어둡고 야만적이고 심히 억눌려 있는 곳입니다. 이제 주님, 저로 하여금 주님을 위하여 불타 없어지게 하소서.

7년이라는 짧은 선교사로서의 삶을 살고 나서 그는 1812년에 건강이 악화되어 이 땅을 떠나 주님께로 갔습니다. 오늘날 케임브리지에 있는 헨리 마틴 센터와 인도의 하이데라바드에 있는 헨리 마틴 연구소(무슬림 선교를 증진시키는 데 목적이 있음)는 짧은 생애를 살았던 거인의 유산을 상기시켜 줍니다. 그의 삶은 하나님을 위하여 불타올랐습니다.

찬송가인 '주님을 위하여 불타게 하소서'(베시 햇쳐 작사)는 잃어버린 자들에 대한 그와 같은 열정을 묘사하고 있는데, 하나님을 위하여 불타 없어지고자 하는 열망으로 가득 차 있습니다. 특히 후렴 부분이 눈길을 사로잡습니다.

사랑하는 주님, 주님을 위해 불타게 하소서,
주님을 위해 불타 사라지게 하소서.
나의 하나님, 나로 쓸모없는 자가 되지 않게 하소서.
나의 삶이 주님 앞에 실패작이 되지 않게 하소서.
사랑하는 주님, 나를, 내 모든 것을 사용하소서.
나로 주님께 더욱 가까이 가게 하사,
고동치는 주님의 심장을 느끼게 하소서.
내가 주님을 위하여 불타 없어질 때까지.

5. **하나님을 위하여 모험을 하십시오.** 모험을 할 때 '거인'이 됩니다. 그렇지 않으면 '난쟁이'로 남아 있게 됩니다. 너무도 익숙하고 친숙한 자기 세계에 안주하고 있으면 겉보기에는 모든 게 안전합니다. 그래서 안심하게 되고 변화와 모험의 필요성을 전혀 느끼지 못합니다. 그 세계 밖으로 나갈 생각을 도무지 못합니다. 자신의 세계가 아무리 '정상적'일지라도, 자기가 얼마나 작은지, 자신의 세계가 얼마나 작은지를 깨닫지 못합니다. 삶 속에서 기꺼이 모험을 하십시오. 그렇지 않으면 건널목을 건널 생각도 하지 마십시오. 차에 치일 수도 있을 테니까요. 직장을 결코 구하지 마십시오. 새로 들어간 회사가 문을 닫을 수도 있을 테니까요. 비행기를 타지 마십시오. 그 비행기가 추락할 수도 있을 테니까요. 아무도 사랑하지 마십시오. 배신을 당할 수도 있을 테니까요. 일일이 말하자면 끝이 없습니다.

6. 사람은 각자 자기의 삶에 어떤 형태로든 발자국을 남긴다는 사실을 기억하십시오. 어떤 이는 이를 '선미의 등불'이라고 표현했습니다. 배의 뒷부분인 선미에 달린 등불은 배 뒤에 따라오는 물결만 비춰 줄 뿐입니다. 우리 다음에 오는 세대들은 우리가 한 경험의 빛을 따라 인도를 받게 될 것입니다. 이는 우리가 미래 세대를 위하여 뒤에 남겨 둔 유산입니다. 그것이 눈으로 볼 수 있는 것이든, 아니면 입을 통하여 전달되었든 말입니다.

인생은 짧습니다. 오직 한 번 지나갈 뿐입니다. 다시 되돌리거나 물릴 수 없습니다. 그러므로 기회를 낭비하지 마십시오. 모든 기회를 활용하여 하나님을 기쁘시게 하는 삶을 사십시오. 하나님께서 우리에게 주신 것이기 때문입니다. 우리가 끝까지 하나님께 충성스러운 삶을 살고, 헌신과 섬김의 불을 계속 불타오르게 한다면, 미래 세대는 일어나 우리에게 경의를 표할 것입니다. 우리가 비록 자신을 결코 영웅으로 여기지 않을지라도, 그들의 가슴 속에서 우리는 그들의 영웅이 될 것입니다.

한 번뿐인 인생, 속히 지나가리.
오직 그리스도를 위하여 한 일만이 영원하리라.
- C. T. 스터드

지혜 있는 자는 궁창의 빛과 같이 빛날 것이요
많은 사람을 옳은 데로 돌아오게 한 자는
별과 같이 영원토록 비취리라.
다니엘 12:3

믿음의 발자취

초판 1쇄 발행 : 2022년 3월 5일

펴낸곳 : 네비게이토 출판사 ⓒ
주소 : 03784 서울시 서대문구 연희로 16 (창천동)
전화 : 334-3305(대표), 334-3037(주문), FAX : 334-3119
홈페이지 : http://navpress.co.kr
출판등록 : 제10-111호(1973년 3월 12일)
ISBN 978-89-375-0612-3 03230

본 출판사의 서면 허락 없이는 본서의 전부 또는
일부의 무단 복제, 또는 원문에 대한 무단 번역을 금합니다.